近代日本の歩んだ道

「大国主義」から「小国主義」へ

田中　彰

Liberal Arts
Publishing
House

人文書館

カバー装画
三岸節子「鳥と少年」1997年

扉写真
鈴木一誌「生命の木」(大台ヶ原、2004年)

近代日本の歩んだ道

「大国主義」から「小国主義」へ

はじめに

歴史とは何か。歴史はすべて現代の歴史である、といわれる。

それゆえに歴史はつねに書き直される、というのも理のあることである。その意味で、日本近代史もいつも問いただされなければならない。こうした観点から、折おりに書いてきたものを編集したのが本書である。

それは同時に、自己自身に向けられた問いでもある。みずからと、わが身をおくいまの歴史とをつねに結びつけながら、そのもつ意味が何であるかと自問自答しながら、人間は生きている。

本書は、現在の時点での私自身のひとつの解答といってもよいかもしれない。気をゆるめれば、怠惰な側面が日常生活をおおってしまう。それは誰しもがもつ人間の弱さ、というよりも、それがふつうの人間だろう。

そこで歴史をふり返りつつ、みずからの視野にある人々の生きざまをみようとした。

そこに何を見出すかは、これまた人さまざまであろう。私の視野に入った人々から何を学ぶか、あるいは学ばないかは、「自由」だが、本書はいまという時点での、私にとってのひとつの解答といえるかもしれない。

それは、私が日本近代史を学ぼうと意図したことから発するものだが、同時に、それは、いまの時代のどこに、みずからの位置づけを見出すかという作業の一端といってよい。

それは好むと好まざるとにかかわらず、自己省察に連なる。厳しい御批判を願うのみである。

目次

第一部

明治維新と世界

日本の進路を問い直す

明治維新の帰結

藩も天皇も手段に過ぎず――討幕派の論理

幕末の文久二(一八六二)年一月、長州藩の久坂玄瑞《くさかげんずい》(一八四〇〜六四)は、土佐の武市瑞山《たけちずいざん》(一八二九〜六五)への手紙で「いまは諸大名も、公卿もたのむに足りない」といい、「在野の志ある人々が、力を合わせて行動する以外にない」と述べたあと、つぎのようにいい切る。

土佐藩も長州藩も、「大義」を実現するためであるならば、滅亡してもやむをえない、と。

幕末の政治過程をふり返ってみると、天保期(一八三〇〜四四)の天保改革をおし進めた政治勢力は、藩財政のゆきづまりから弱体化した藩権力を、もう一度強めるために改革を行なった。安政改革(一八五四〜五九)もほぼ同じであった。

その後、外国勢力の圧力が加わることによって外圧への抵抗が、文久期(一八六一〜六四)の、いわゆる尊王《そんのう》攘夷《じょうい》運動となる。久坂も武市もその担い手だった。

尊攘運動は、外圧という藩をはるかにこえた外国からの強力な力に対抗する在野の有志(「志士」)たちの糾合による運動だったから、当時「草莽崛起《そうもうくっき》」といわれた。

「草莽」とは在野の有志を指し、「草莽崛起」とは藩権力に頼らない人々が立ち上がることを意味した。だからこの「草莽崛起」は、藩のタテの枠を超えた在野有志のヨコの連合による行動なのである。

この発想は、既存の体制のなかのこれまでの権威は、もはや用をなさず、在野の志士たちの団結した行動以外に方法はない、というのだ。倒幕諸勢力のうち、武力で倒幕を進めようとしていた討幕派は、この論理の延長線上に立っていた。

討幕派は、すでに藩という旧体制の枠組みにはとらわれていなかったのである。つまり、この政治勢力は、藩を、アンシャン・レジーム(旧体制)の頂点にある幕府を倒すための手段としてみていたのだ。

既存の組織を手段とみる考え方は、天皇に対しても通ずる。慶応元(一八六五)年九月の、大久保利通《おおくぼとしみち》(一八三〇~七八)から西郷隆盛《さいごうたかもり》(一八二七~七七)あての手紙は、それを端的に語る。「至当の筋をえ、天下万民がご尤《もっと》もと奉ってこそ勅命であって、非義の勅命は勅命ではないから奉じなくてよい」というのである。これは第二次征長(長州征伐)を許した朝廷への批判を込めたものであった。

大久保が、義にかなっていない勅命は勅命ではないというのには、判断の基準が別におかれているからだ。

別の基準とは、天下万民が尤もだと納得する、ということにほかならない。

天下の世論をどうみるかというところには、討幕派の判断が入る。かくして討幕派は、天下の世論をふりかざすことによって、みずからの主張を天皇に結びつけ、それを「至当の筋」としたのである。勅命は討幕派の主張を通してはじめて勅命とされる。

彼らは、また、藩をこえた「皇国」をめざした。「皇国」とは、幕府に代わる天皇を頂点にした統一国家を意味する。「皇国」を実現したときの彼らは、もはや幕藩体制の殻を投げ捨てた維新官僚となっているのである。「皇国」のシンボルとしての天皇は、この維新官僚が生み出したのだ。

つまり、天皇は、幕府権力をうち崩すために、より伝統的な権威として西南雄藩の実力をバックにかつぎ出され、絶対的なものへと昇華させられたものだったのである。

この政治主体の動きには、国際勢力がまつわりつく。

幕府は体制崩壊の危機を乗りきるためにフランスと結ぼうとした。幕府の要路にあった栗本鯤《くりもとこん》(鋤雲《じょうん》。一八二二~九七)は、「恃《たの》む所は一の仏国公使レオン・ロセス(ロッシュ。一八〇九~一九〇一)あるのみ」といった。対する西南雄藩には主としてイギリスが接近した。駐日英公使パークス(一八二八~八五)が、米・蘭をも含めた外交団をもリードしつつ、西南側をバックアップする。

幕府がフランスに強く寄りかかったのに対し、西南雄藩は、一定の距離をとっていた。この姿勢の差が、結果として大きなちがいとなる。インドが植民地化され、中国が半植民地化されたのに対して、日本のみはアジアのなかで独立を保ちえたのである。

「大君」の下に行政、立法府——慶喜政権のプラン

歴史、とりわけ明治維新は、政争につぐ政争によって成立する。勝者が権力を握るから、勝者の歴史が歴史の主流になる。

だが、そこには必ず敗者がいる。敗者は必ずしも弱者ではない。敗者の目からでなければ見えない歴史がある。それをこれまでの歴史はあまりにも切り捨てていたのではないか。敗者の視座からもう一度歴史をすえなおす必要があるのだ。

明治維新の敗者の象徴的人物といえば、最後の第十五代将軍徳川慶喜《とくがわよしのぶ》(一八三七〜一九一三)である。これまでの幕末史は慶応三(一八六七)年の慶喜の「大政奉還」から「王政復古」へとつき進む。

だが、二世紀半ば以上も徳川政権は続いていたのだ。権力の座にあった慶喜が、通史のいうようにいとも簡単に政権を放棄し、「大政奉還」をしたとは私には思えなかった。

慶喜には幕府側からの権力強化という政治プランがあったはずだ。それを私は側近の西周《にしあまね》(一八二九〜九七)の政権構想のなかにみた。「大政奉還」と「王政復古」のちょうど中間に当たる慶応三年十一月のものである。

プランの頂点には「大君」がいる。この「大君」の座に徳川慶喜が就き、中央政府となるのである。「大君」のもとには行政府として「公府」が大坂におかれ、「公府」は五つ(将来は六つ)の「事務府」、つまり省庁を管轄するのである。

また、「大君」は「議政院」(立法府)をそのもとにおく。「議政院」は「上院」と「下院」から成る。「上院」には一万石以上の大名がメンバーとなる。「下院」は、各藩からの有能な藩士が一名ずつ参加する構成である。地方は従来通りの諸藩領として支配される。大坂は、経済の中心であり、拠点であったから、そこに政権をおくことは、当時の現状をふまえ、現実的で、かつもっとも強力な政府構想といえるだろう。対する天皇は山城国に封じこめられ、実権はないのだ。

この政権プランを後年の慶喜は、「知らぬ」「存ぜぬ」とくり返している。しかし、彼がそういえばいうほど逆に西周プランは現実味を帯びるのである。

それは明らかに「大君」の座に、慶喜を当てる「大君」制構想だった。徳川統一国家の構想といいかえてもよい。慶喜には、かりにいったんは「大政奉還」しても、「奉還」を受けた朝廷がそれをもてあまし、もう一度幕府側に返すだろうという読みがあったのだ。

一方、これに対抗する天皇中心の国家構想は、なお固まっていたわけではない。

幕府を倒そうというのに、具体的な政権構想は欠けていたのである。これは西南雄藩側の最大の弱点だった。

だから討幕派はどうしても幕府側の「大君」制構想を軍事力によって粉砕する必要があったのである。

これまでの明治維新史は、主として西南雄藩側を中心に書かれていたから、この徳川「大君」制国家構想への筋道を明らかに欠落させていた。

振り返ってみると、敗者の側から書かれた歴史、例えば、旧幕臣福地源一郎《ふくちげんいちろう》(桜痴《おうち》。一八四一～一九〇六)の『幕末政治家』『幕府衰亡論』などには、幕府の衰亡は歴史の必然であったにしても、その幕府は勝者の側からの歴史がいうような、「衆愚の府」ではなく、西南雄藩に匹敵する多才な人材を擁していたのだと、強調しているのである。幕末史は、その幕府がなぜ滅亡しなければならなかったかを明らかにしなければならない、というのである。

明治以来の近代日本の歴史は、天皇制を正当化(正統化)する歴史だった、といいかえてもよい。

一九四五(昭和二十)年の敗戦は、それまでの天皇制の呪縛を解きほどいた。つまり、敗者の幕府側の史料をも視野におくことが可能になったのである。というよりも、敗者の史料をも包み込んで新たな視座からの客観的な歴史の再構築が要請されるのである。

それはたんに幕末史に限るものではない。日本の歴史全体で検討すべき問題なのだ。

だが、そうした歴史の再検討・再構築が全面的になされたとはまだいい難いのである。

維新の三傑と近代天皇制――幕末と明治初年

激動の幕末期に、「幕末の志士」と称される多くの若者たちは生き、そして死んでいった。吉田松陰《よしだしょういん》(一八三〇～五九)、橋本左内《はしもとさない》(一八三四～五九)、久坂玄瑞《くさかげんずい》、高杉晋作《たかすぎしんさく》(一八三九～六七)、坂本龍馬《さかもとりょうま》(一八三五～六七)、中岡慎《なかおかしん》太郎《たろう》(一八三八～六七)など枚挙にいとまがない。

こうした多くの若者の命を賭けた犠牲の上に維新は成り立つ。この幕末をくぐりぬけ、生き残った木戸孝允《きどたかよし》(一八三三～七七)や西郷隆盛《さいごうたかもり》、大久保利通《おおくぼとしみち》らによって維新政府はつくられたのだ。

幕末が破壊の時代なら、明治初年は建設の時代といえよう。徳富蘇峰《とくとみそほう》(一八六三～一九五七)の言葉を一部借りれば、「天保の老人」たちの死の上に、「明治の青年」は生きたといえるのである。それは歴史の流れであり、歴史の必然といってよいかもしれない。

ところが、これまでの明治維新史は、あまりにも幕末に厚く、明治初年に薄い。幕末は波瀾《はらん》万丈だから、歴史叙述としても活力があり、面白い。しかし、明治初年の研究が薄くていいわけはない。

慶応二(一八六六)年にもっとも高揚した「世直し」一揆は、翌三年には「ええじゃないか」という民衆乱舞へと変わる。しかし、一揆がすべて「ええじゃないか」の運動に転じたわけではない。一揆との共存である。

それは二世紀半ば以上続いた旧体制が、音を立てて崩れるときの民衆心理の反映だった。民衆は、一方では「世直し」を掲げて体制反対を叫び、他方では、体制崩壊を眼前にして、そのなりゆきに「ええじゃないか」とはやしながら、集団行動に酔ったのである。この民衆心理と、運動を倒幕勢力が操作・利用したといわれるが、それは結果論というべきだろう。

明治元(一八六八)年に下火になった民衆運動は、翌二年にはふたたび盛り上がる。

というのも、民衆は、新政府に解放を願っていた。だが、それが期待はずれだったことがだんだんわかってきたからである。明治初年の一揆のスローガンのなかには、「薩長は徳川氏(幕府)に劣る」というものがみられるのだ。倒幕に望んだものがかならずしも実現しなかったから、その反動として、一揆が再高揚したのである。

このような民衆の動きを最大限に利用したのが討幕派から脱皮した維新官僚だった。彼らは、藩になお片足をつっこんでいたが、しだいに重心を朝廷に移していった。彼らの手による「版籍奉還」(明治二年)と「廃藩置県」(同四年)を経て、明治政府は成立したのである。

それは、土地と人民を朝廷に還《かえ》すというかたちで藩主の権限を骨抜きにしたうえで、一挙に藩を廃して府県をおき、権力を維新官僚が掌握するというものだった。つまり、中央政府の官僚支配が地方の県(府)を直接貫くということになったのである。

そのはしりは、明治二年の開拓使による北海道統治であり、そのしめくくりは同十二年の琉球を沖縄県とした「琉球処分」である。この「処分」という語からわかるように、琉球は中央政府へ強制併合されたのである。

この間、明治政府は天皇（皇室）を別格として国民の統一戸籍をつくり、地租改正を実施し、また、学制改革によって教育の近代化をはかり、「国民皆兵」をめざして徴兵制をしいた。

さらに政府は、日本の国際化のために岩倉具視《いわくらともみ》（一八二五〜八三）を特命全権大使とする岩倉使節団を欧米に派遣し、世界のなかで日本を確立していったことは次章に詳しくふれる。

民衆は地租改正をはじめとする政府の政策に反対し、士族もまたつぎつぎと反乱をおこした。政府はこれらの民衆や士族を弾圧した。

明治十年の西郷隆盛らによる西南戦争は、最後の士族反乱だった。この反乱は、徴兵制による新しい軍隊によって鎮圧されたのである。

この政治過程は、権力の所在がもはや士族にではなく、民衆を基盤とする政府にあることを示した。

こうしたプロセスを通して、近代天皇制はできあがった。それはいわゆる維新の三傑と称された木戸孝允、西郷隆盛、大久保利通の明治十年前後の死とほぼ重なっている。

「小国への道」見向きもされず──岩倉使節団

一九七四〜七五年、私は渡米の機会を与えられた（ハーバード大学東アジア研究センター研究員）。鞄《かばん》の中に、明治初年における岩倉使節団の報告書『特命全権大使米欧回覧実記』(一八七八=明治十一=年刊)、全五冊を放り込んだ。

これは一八七一~七三(明治四~六)年、岩倉使節団が、米欧十二か国を回覧・調査した報告書だ。この使節団は、公家出身の岩倉具視《いわくらともみ》を全権大使とし、総勢五十名に近い大使節団である。副使には維新の実力者・参議木戸孝允《きどたかよし》や大蔵卿大久保利通《おおくぼとしみち》などが名を連ねている。一行は、日本の近代国家を、どのようにつくるか、どこがそのモデルになるか、などという緊急の課題を背負っていたのだ。

この報告書は、大正期まではともかく、昭和期になると、戦前、戦中、そして戦後も、長い間誰もかえりみるものはいなかった。忘れられた『米欧回覧実記』を携えて、私は岩倉使節団の歴訪国の追跡調査を意図したのである。

報告書の編著者は、久米邦武《くめくにたけ》(一八三九~一九三一)。久米は佐賀藩出身の漢学者で、彼はその蘊蓄《うんちく》を傾けて、片仮名交じりの文語体の名文で綴《つづ》る。

『回覧実記』には、一八七〇年代の欧米の大国と小国について述べられている。

その大国は、米・英・仏などだ。小国はベルギーとオランダ、デンマークなどであるが、とくにベルギーとオランダに注目している。

『回覧実記』は、大国に多くの筆を費やし、米と英に四割を当てる。ついで独、仏である。一冊目のアメリカでは、自主・独立の民に支えられていることを述べ、イギリスの部(第二冊目)では、この国の産業革命による商品生産と流通に筆を運ぶ。しかし、フランスのパリ・コミューンには驚き、その「暴徒」の「禍」の深さを強調しているのだ。

これまでの通史の理解に従えば、日本はドイツをモデルとして近代化の道を歩んだとされる。ドイツは小国から大国へとその国力を蓄積して列強に伍《ご》したからである。

しかし、『回覧実記』を読むと、量的にはさほどではないが、小国の叙述にはいっそう力のこもった書き方をしている。そこには小国日本が重ね合わされていたように思われる。

いわく、「凡《およ》ソ欧州ニ於テ、能《よく》独立ヲ全クセル小国ハ、其《その》兵ノ強健非常ナリ、白国《ベルギー》、嗹国《デンマーク》是《これ》ナリ、其人民ノ気象(＝気性)モ亦《また》ミナ強シ」と(カッコ内注は引用者。以下同)。

それは明治六年六月、ウィーンで開かれていた万国博覧会に臨んだ使節団の感想にもうかがえる。

万国博覧会には、欧米の大国のみならず小国の展示物も並べられていた。小国の出品は、けっして大国のそれにおとることはなく、むしろまさるほどだった。ここにも小国の自主や自由が表出していたのだ。

当時の日本の立場からいえば、大国と小国の二つの選択肢のうち、「小国への道」を歩むことの方がむしろ現実的だったはずである。

事実、「小国への道」に徹しようとする主張があった。それは自由民権運動のなかの小国主義の憲法草案であり、大正デモクラシーにおける運動の主張に連なる。

また、大正期には三浦銕太郎《みうらてつたろう》(一八七四〜一九七二)や石橋湛山《いしばしたんざん》(一八八四〜一九七三)らが、「小日本主義」をかかげて軍国主義・専制主義・国家主義を排して産業主義・自由主義・個人主義を主張してやまなかったのである。

しかし、『回覧実記』の小国モデルの示唆に明治政府は見向きもしないで、ひたすら「大国への道」を歩んだのである。「小国への道」はいつの間にか、かき消されてしまったのだ。だから、明治以降、日本ははじめから「大国への道」しか歩みえなかったと思われがちだが、そうではない。

こうした「民権」や「自由」、そして「平等」を主張した「小国主義」は、政府にはおさえ込まれていったものの、歴史の伏流として、脈々と存続していたのである。

一九四五年の日本の敗戦は、この歴史的伏流を地表に噴出させた。歴史的伏流としての「小国主義」の結実が、日本国憲法だったのである(拙著『小国主義』岩波新書、一九九九年参照)。

正・負合わせ、とらえる必要――世界史上の意義

「明治維新」とこれまで一口にいってきたが、ではその維新はいつからいつまでなのか、というと、内容にからんで見解は分かれる。

維新は、一八三〇年代の天保期にはじまるという見方もあれば、嘉永六(一八五三)年のペリー(一七九四〜一八

五八)の「黒船」来航からだという説もある。

天保期説は、このころから幕藩体制が崩れはじめており、変革は避けられない状況になっていた体制矛盾に注目したものだが、「黒船」説は、日本に迫る外圧に視点をおいて、外からの要因と国内の矛盾との結びつきから変革がはじまった、という見方なのである。

一方、いつまでかということには、慶応三(一八六七)年、幕府が倒れたことを一区切りにみる意見があれば、明治四(一八七一)年の廃藩置県によって統一国家ができたときだとする見解もある。だが、この廃藩置県説は、いわゆる「琉球処分」(明治十二年)を欠落させている。

明治維新を考えるには、痛覚をもつことが肝要なのだ。痛覚に欠けると、廃藩置県での国家統一をただちに民族統一と重ね合わせてしまい、アイヌの人々をはじめ少数民族を無視した単一民族説になってしまう。

こうした考え方のうえで、なお、明治維新にさまざまな見解があるのは、近代化の内実にどう着目するかによる。

近代化を進めた日本の明治維新は、外圧と内政のギャップのもとで行なわれた。したがってそこに矛盾が生まれるのは当然だろう。だから手放しの近代化評価は、後発国日本の実体をみおとすおそれがある。かといって、内実の矛盾のみに着目すれば、日本近代化のいびつな面ばかりがクローズアップされてしまう。

日本の近代化のプラスの面と、マイナスの側面とを、事実を直視しながら、いかにトータルにとらえるかが肝要なのである。そこには客観的で冷静な複眼の視座が必要となってくる。

明治維新は、日本の出発点である。日本は、欧米列強に対抗するため、「富国強兵」をスローガンにかかげ、地租改正・学制改革・徴兵令・殖産興業・文明開化などの諸政策を矢つぎ早に遂行した。

明治維新による日本の近代国家の形成と確立は、十九世紀の後半、アジアのなかでは先進的であったものの、当時の世界の中では後発の「上から」の急速な近代化だった。

そこでは、国民の人権よりも国家が優先されたのである。そこにひずみが生まれた。このひずみは、中国大陸への軍事力発動へと連なる。明治二十年代以降の日本は、ほぼ十年ごとに大陸での戦争をくり返したのである。それが日本の近代の歴史だった。

一九四五(昭和二十)年八月、太平洋戦争の敗戦は、その「近代の破産」といえよう。

明治維新は、多くの改革の正の側面を結実させた。これはいかに強調しても強調しすぎることはない。しかし結局、破産という負の結果となったのである。

だが、敗戦後の日本は、そこから脱皮・転生した。日本国憲法の誕生である。この憲法は、国際紛争解決の手段としての戦争を放棄し、平和主義をとなえた。だから、日本は、その後、一度たりとも戦争に手を染めていない。これは日本近現代史では稀有《けう》なことである。

この事実は重い。この重い事実のうえに立ち、平和主義を全世界に向かって主張し、広げることこそがいま必要なのではないのか。つまり、戦争を放棄した日本国憲法の精神を世界のなかで生かすことが、明治維新の負の側面を克服することになるのだ。

明治維新＝日本近代化は、たんに日本だけの問題ではない。歴史的条件のちがいを考慮しつつ、東アジア、さらには東南アジアの近代化分析にも参考となるはずである。

その意味からも、アジアのなかの明治維新ないしは世界史の中の明治維新の意義が、改めて問われるゆえんである。

久米邦武と『米欧回覧実記』

I　岩倉使節団

岩倉使節団とは、特命全権大使岩倉具視《いわくらともみ》（右大臣）、副使木戸孝允《きどたかよし》（参議）、大久保利通《おおくぼとしみち》（大蔵卿）、伊藤博文《いとうひろぶみ》（工部大輔。一八四一〜一九〇九）、山口尚芳《やまぐちますか》（外務少輔。一八三九〜九四）を中心に、書記官・理事官・随行等総勢四六名が、明治四年十一月十二日（陽暦一八七一年十二月二十三日）に横浜を出航、明治六年九月十三日（この間、明治五年十二月三日に当たる日を明治六年一月一日として陽暦に改暦）、同港へ帰着した遣外使節団のことをいう。

この間、使節団の人員には変化はあるが、出発時は四六名だった。この人数と人名は、久米邦武《くめくにたけ》の稿になる「環瀛筆記《かんえいひっき》」（その冒頭の部分しか久米邦武文書中には残っていない）の出航時の項に記された久米の点検名簿によるのだが、これは従来一般的に典拠とされていた『日本外交文書』第四巻所収の名簿四八名とは人名も若干異なっている。出発時の使節団の人数・人名はこの「環瀛筆記」の名簿によって初めて確認できたといえるのである（別表

出発時の岩倉使節団（明治4年11月12日）

使節団職名	官　名	氏　名	出身（年齢）	
特命全権大使＊	右大臣	岩倉具視	公	47
同副使	参議	木戸孝允	長	39
	大蔵卿	大久保利通	薩	42
	工部大輔	伊藤博文	長	31
	外務少輔	山口尚芳	肥	33
一等書記官	外務少丞	田辺泰一（太一）	幕	41
	（外務省六等出仕）	何　礼之	幕	32
	（大蔵省出仕）	福地源一郎	幕	31
二等書記官	外務少記	渡辺洪基	福井	24
	外務省七等出仕	小松済治	和歌山	25
	同	林　董三郎（董）	幕	22
	同	長野桂次郎	幕	29
三等書記官	同	川路簡堂（寛堂）	幕	28
四等書記官	外務大録	安藤太郎	幕	26
	（文部大助教）	池田政懋	肥	24
大使＊随行	兵庫県権知事	中山（信彬）＊＊	肥	30
	式部助	五辻安仲	公	27
	外務大記	野村　靖	長	30
	神奈川県大参事	内海忠勝	長	29
	権少外史	久米邦武	肥	33
理事官	戸籍頭	田中光顕	土	29
随行	租税権頭	安場保和	熊本	37
	租税権助	若山儀一	東京	32
	（大蔵省七等出仕）	阿部　潜	幕	33
	同	沖　探三（守固）	鳥取	31
	租税権大属	富田命保	幕	34
	検査大属	杉山一成	幕	29
		吉雄辰太郎		
理事官	侍従長	東久世通禧	公	39
随行	宮内大丞	村田経満（新八）	薩	36
理事官	陸軍少将	山田顕義	長	28
随行	兵学大教授	原田一道	幕	42
理事官	文部大丞	田中不二麿	尾張	27
随行	文部中教授	長輿秉継（専斎）	肥	34
	文部省七等出仕	中島永元	肥	28
	同中助教	近藤昌綱（鎮三）	幕	23
	同中助教	今村和郎	土	26
	文部省九等出仕	内村公平	山形	
理事官	造船頭	肥田為良	幕	42
随行	鉱山助	大島高任	岩手	46
	鉄道中属	瓜生　震	福井	19
理事官	司法大輔	佐々木高行	土	42
随行	司法権中判事	岡内重俊	土	30
	同	中野健明	肥	28
	同	平賀義質	福岡	46
	司法権少判事	長野文炳	大阪	18

（注）＊「大使」は「環瀛筆記」では「公使」となっている。＊＊「信彬」は史料では欠。公＝公家、長＝長州、薩＝薩摩、土＝土佐、肥＝肥前、幕＝幕臣を示す。年齢は数え年。出身・年齢および（　）内は新たに追加した。

参照。拙稿「岩倉使節団とその歴史的意義」『思想』709、一九八三年七月。このメンバーの構成やその後の変化については、菅原彬州「岩倉使節団のメンバー構成」『法学新報』91の一・二合併号〈一九六四年六月〉が追跡検証している）。

なお、この「環瀛筆記」には、同行の随従一五名（ただし、「岩倉具綱ヲ始メ一五名」とあるのみ）と留学生四二名（華族一三名、士族二四名、開拓使派遣女子五名の各氏名）も載せている（これも前記『日本外交文書』第四巻所収のものとは若干異なっている）。

岩倉使節団米欧回覧日程

横浜　明.4.11.12（1871.12.23）発→〔**アメリカ**〕サンフランシスコ　明.4.12.6（1872.1.15）→ワシントン→ニューヨーク→ナイアガラ→ボストン→ワシントン→フィラデルフィア→ニューヨーク→ボストン→〔**イギリス**〕ロンドン　明.5.7.14（72.8.17）→リバプール→マンチェスター→グラスゴー→エディンバラ→ニューカッスル→ブラッドフォード→バーミンガム→ロンドン→〔**フランス**〕パリ　明.5.11.16（72.12.16）→〔**ベルギー**〕ブリュッセル　明.6.2.17→〔**オランダ**〕ハーグ　明.6.2.24→ロッテルダム→レイデン→アムステルダム→ハーグ→〔**ドイツ**〕ベルリン　明.6.3.9→〔**ロシア**〕セントペートルボルグ（旧レニングラード）　明.6.3.30→〔**デンマーク**〕コペンハーゲン　明.6.4.18→〔**スウェーデン**〕ストックホルム　明.6.4.24→〔**ドイツ**〕ハンブルグ　明.6.5.1→ミュンヘン→〔**イタリア**〕フィレンツェ　明.6.5.9→ローマ→ベネチア→〔**オーストリア**〕ウィーン　明.6.6.3→〔**スイス**〕チューリッヒ→明.6.6.19→ベルン→ジュネーブ→〔**フランス**〕リヨン　明.6.7.15→マルセーユ　明.6.7.20発→ナポリ→ポートサイド→スエズ→アデン→ガール→シンガポール→サイゴン→香港→上海→**横浜**　明.6.9.13

（注）明＝明治。「発」とある以外はすべて「着」の日付。
明治6年1月1日（陰暦明治5年12月3日に当たる日）より陽暦へ改暦。（　）内は陽暦を示す。

　ところで、岩倉使節団の目的は三つあった。（一）幕末以降の条約締盟各国への国書の捧呈、（二）条約改正の予備交渉、（三）各国の近代的な制度・文物の調査・研究がそれである。当初の予定は往復を含めて回覧期間は十か月半であったが、最初の訪問国アメリカでの条約問題の交渉が長びいたことに端を発して、結局、約一年十か月の米欧十二か国の回覧となり、そのため木戸と大久保は途中で帰国せざるをえなかった。

しかし、この条約改正問題の交渉は失敗に終わった。結果的にはそのことによって使節団は、(三)にもっとも力点をおくことになったのである(「米欧回覧日程」参照)。

使節団には、大使・副使のほか、国際的知識に通じ、また、語学に堪能な旧幕臣出身の書記官と、各省派遣の専門官である理事官とが加わっていることはさきの表で明らかだが、メンバーの年齢の若さも注目してよかろう。そこには、この使節団が幕藩体制下の文化蓄積をもった書記官を包みこみ、若い弾力的、かつ清新さをもって諸外国を視察し、それを明治維新を主導した実力者たちが率いている姿をみることができる。

この理事官の報告は『理事功程』と称せられる。文部省の『理事功程』がもっとも有名だが、それは各省派遣の理事官がそれぞれの専門の立場から調査したもので、欧米先進諸国の制度と実際の景況を視察・研究し、日本にどう役立てるかを目的としたものであった。なかでも詳細な『理事功程』は、さきの文部省のほか、司法省・大蔵省・宮内省などのそれがあげられる。これに関連して、ほとんど同時に派遣された左院視察団(高崎正風、安川繁成等)の報告書は『視察功程』とよばれているが、これは政治・議会・新聞などを中心にした報告書で、『理事功程』などと共に国立公文書館に収められている。そして、これらの『理事功程』や『視察功程』は、あとで詳しく述べる『特命全権大使米欧回覧実記』(以下、『米欧回覧実記』と略称)編修の参考のひとつとされているのである。

幕末以来、日本からの遣外使節団は数度派遣されているが、幕末期のそれが条約の批准や外交交渉という限られた目的を持っていたのに対し、明治維新後の新政府による最初にして最大のこの岩倉使節団は、新しい日本近代国家創出のため広範な制度・文物の研究・調査を、その目的の主要課題のひとつとして、日本を後にしたのである。その使節団のメンバーの一人に久米邦武もいた（大久保利謙編『岩倉使節の研究』宗高書房、一九七六年、拙著『岩倉使節団『米欧回覧実記』』同時代ライブラリー、岩波書店、一九九四年、岩波現代文庫、二〇〇二年、参照）。

2　久米邦武と『米欧回覧実記』

『米欧回覧実記』は、大使随行として使節団に参加した権少外史久米《くめ》邦武《くにたけ》（当時は丈市、数え年三十三歳）の編修になり、全一〇〇巻・五編五冊として、明治十一年に御用出版社博聞社（東京銀座四丁目）から刊行された（奥付は十月刊となっているが、実際には十二月末刊）。

久米邦武（一八三九～一九三一年〈天保十～昭和六年〉）は号は易堂、佐賀藩出身である。藩校弘道館に入り（この時、大隈重信《おおくましげのぶ》（一八三八～一九二二）を知り、終生の交友となる）、また、江戸に出て昌平黌《しょうへいこう》でも学んだが、帰藩して藩主鍋《なべ》島直正《しまなおまさ》（一八一四～七一）の近習《きんじゅう》となった。明治元年（一八六八）、弘道館教諭、翌年、佐賀県権大属、明治四年、大属、その年、権少外史となり、岩倉使節団に参加した。明治六年（一八七三）、帰国後は、太政官外史記録課長、大使事務局書類取調御用等を歴任して、『米欧回覧実記』の編修に専念し、明治十一年（一八七八）少書記官となり、この年、『米欧回覧実記』を刊行したのである。

だから、これは「太政官記録掛刊行」という報告書ではあるが、久米の処女作でもあった。翌明治十二年から久米は修史館（のち臨時修史局）の編修官となった。明治二十一年（一八八八）、臨時修史局の帝国大学移管によって久米は文科大学教授となり、新設された国史科で、重野安繹《しげのやすつぐ》（一八二七〜一九一〇）や星野恒《ほしのひさし》（一八三九〜一九一七）らと講座を担当した。これらのメンバーの学風は、清朝考証学派風の影響の上に、L・リース（一八六一〜一九二八）が主張した近代実証史学の方法をもって史実を確定しようとするものだった。だから、久米らは水戸の『大日本史』や頼山陽《らいさんよう》（一七八一〜一八三二）の『日本外史』などにみられる大義名分論的、勧善懲悪的な史観に依拠した従来の歴史を、批判的否定的な立場から考証に徹したので、世人より〞抹殺派〟史学の名をもってよばれたのである。明治二十四年（一八九一）、久米が「太平記は史学に益なし」という論文に続いて、「神道は祭天の古俗」（史学雑誌、史学会雑誌）を発表したのは、そうした学風のひとつのあらわれにほかならない。

ただ久米の場合、そこには彼の育った佐賀藩の実学的雰囲気や、また、かつての米欧回覧の体験が、合理主義的発想として反映していたであろうことは否定できない。

だが、「神道は祭天の古俗」の論文は、田口卯吉《たぐちうきち》（鼎軒。一八五五〜一九〇五）の挑発的な紹介の仕方とも関連して、神道者流の人びとの攻撃にあい、久米は、翌年、依願免官を余儀なくされた。彼の合理主義的歴史解釈が、明治二十年代半ばの国粋主義的風潮の高まりのなかで、槍玉にあげられ、久米はアカデミズム史学から追われたのである。

明治三十二年（一八九九）以後は、旧友大隈重信の東京専門学校（現早稲田大学）で国史と古文書学の研究・教育に専念し、多数の日本古代史その他に関する著作をものにした。また、日本における古文書学の確立は久米に負うところが大きかったのである。

やや先を急いで久米邦武の一生を追ったが、その久米は、岩倉使節団と共に横浜を出航し、サンフランシスコに到着後の明治四年（一八七一）十二月八日、大使付属枢密記録等取調兼各国宗教視察を命じられた。さらに翌五年八月三日、ロンドンで使節紀行纂輯専務心得となり、畠山義成《はたけやまよしなり》（当時は杉浦弘蔵。一八四二〜七六）とこれに当たった。この畠山は薩摩藩の留学生として慶応元年（一八六五）に渡英し、のちアメリカに渡ってラトガース・カレッジを卒業した人物で、西洋通だった。アメリカで岩倉使節団の随員に加えられたとき、畠山は三一歳だったが、明治六年、帰国後は、開成学校長兼外国語学校長となり、明六社の同人にもなった。

『米欧回覧実記』の「例言」（明治九年一月）によれば、岩倉大使は、「使節ハ国民ノ代人」として米欧各国の官民から「懇親ノ意」をもって迎えられ、「国人ニ愛顧ヲ求」めて「其生業ノ実況」を示してもらったのだから、「吾使節ノ耳目スル所ハ、務メテ之ヲ国中ニ公ニセサルベ《ママ》カラス」（濁点原文のまま）という意図から、久米と畠山に命じて、「常ニ随行シテ、回歴覧観セル所ヲ、審問筆録セシメタリ」とある。

久米と畠山は協力して、この岩倉大使の意図実現のために意を尽した。その苦心のあとはさきの「例言」に詳しく述べられている。

こうして『米欧回覧実記』は、「実録」風の日記の部分と「論説」部分とに分けて叙述され（ここにすでにのちの歴史家久米邦武の学風の一端が示されている）、岩倉使節団の報告書『特命全権大使米欧回覧実記』は成ったのである。

この『米欧回覧実記』は全一〇〇巻、五編五冊からなる。その第一編は「例言」とアメリカの部で、第一巻から第二〇巻に及ぶ。第二編は第二一〜第四〇巻でイギリス、第三編（第四一〜第六〇巻）はフランス・ベルギー・オランダ・プロシア、第四編（第六一〜第八一巻）はロシア・デンマーク・スウェーデン・南北ゲルマン・イタリア・オーストリアからなり、第五編（第八二〜第一〇〇巻）は、ウィーン万国博覧会・スイス・フランス（リヨン、マルセーユ）および使節団が回覧を中止したスペイン、ポルトガルとヨーロッパ総論を収め、さらに帰路の航程が加えられている。

本文は合計二、一一〇頁、その他に地図一〇、図版三一四（うち風景図等三〇九、その他五）が収録されている。そして、この本文の内容は、政治・経済・社会・軍事・教育・文化・宗教・思想などのすべての分野に及び、王宮や議会あるいは産業・軍事施設から牢獄・花街等にいたるまで、あらゆるものを考察の対象にしており、一種のエンサイクロペディアとさえいえるのである。

しかも、これは片カナまじりの格調高い文語体で綴《つづ》られ、記録文学の傑作でもある。その考察は具象的なものから抽象的、原理的なものへと及び、東西文明比較論でもある。もし福沢諭吉《ふくざわゆきち》（一八三四〜一九〇一）の『文明論之概略』を〝民〟の文明論とすれば、これは〝官〟の視座からの文明論といってもよい。それだけに当時人びとの関心を呼び、四刷まで増刷され、この四刷は割賦販売の普及版まで出され、印刷部数も総計数千セット（最低でも三、五〇〇セット)に達した、と思われる。

3 『米欧回覧実記』の成稿過程

ではこのような『米欧回覧実記』はどのようなプロセスで成ったのだろうか。

さきにこの書は「一種のエンサイクロペディア」でもあるといったが、これだけ多分野・多岐にわたる内容執筆に筆が及びえたのはなぜかが当然問題となろう。

そもそもこの使節団の派遣計画の発想は、新政府のお雇外国人でもあったオランダ系アメリカ人フルベッキ(一八三〇~九八)の「ブリーフ・スケッチ」の示唆を受け、それとの関連で大隈重信中心の使節団から岩倉使節団へと変貌していったという経過は、前掲大久保編『岩倉使節の研究』に詳しい。

そのフルベッキが使節団出発前に密かに提出したと思われる「米人フルベッキより内々差出候書」という注目すべき史料が、木戸家文書中の木戸孝允関係文書の中にある(国立歴史民俗博物館蔵)。

それによれば、「大使一行ノ回歴シタル顚末ヲ著述スル法」として、その冒頭に、政府が「此国ヲ開キ且其民ヲシテ宇内現今ノ形勢ヲ明瞭ニ暁通セシメント欲スル」ためには、大使の帰国をまって、「其経歴シタル所ノ利益トナルヘキ種々ノ事実ト有名ナル回歴家ノ研究セシ有用ノ結果ヲ著述スルヲ以テ第一義トナスベシ」といい、それは、ヨーロッパ各国が使節派遣をした際には必ずとる方法である、と述べ、「故ニ往々使節ノ随員中ニ記者工師ヲ加ヘタルハ特ニ此著述ノ編輯セシメンガ為ナリ」とうたっているのである。

そして、この著述によってえられる「利益」の第一は、使節団のえたところの知識は人民の啓発に大いに役立ち、「大使一行ノ官員ニ於テ其実践スル所ノ効験ヲ国民ニ分賜スル道理」となるのである、という。第二には、こうした著述は政府と人民との相互の信頼感を高めることになり、第三には、「欧米各国ノ帝王ニ於テ　天皇ノ使臣ヲ寵待シタル儀礼ノ厚キコトヲ人民ニ表示シテ以テ政府内外ノ威望ヲ高クスベシ」と述べている。

では、そのために、どのような方法をとるべきか、として、つぎの十項目をあげる。

一……特別の許可がない限り、大使一行の人員中の一人が著述したり、個人的に出版したりしてはならない。

二……使節団の各人は、読んだり見聞したりした「要用タルコト」を筆記し、また、あとの「編輯」の便のために、地名と日時を記し、その「記者」の名を書いておく必要がある。

三……「人民」を啓発し、また「利益」になる「所有ノ公書表記及ビ地図類」はひとつでも遺してはならない。

四……「毎員旅行間断ナク、且使節皈帰ノ上ニテ此類ノ筆記官ノ一員ニ付与スベシ」。

五……使節は帰国の上、「老練ノ記者」に命じて「公書筆記」を「採摭」「取捨」して、「一体全備ノ紀誌」を「編輯」すべきである。それは日月の順序を追った形で「編輯」し、あるいは「毎章毎回ヲ限リテ以テ一事ヲ誌シ、附録ニ公書表記等ヲ加フベシ」。

六……これを「編輯」する「記者」は、大使随行の人であろうとなかろうと、各人の筆記中に疑問があったり、または注釈の必要があるときには、「筆記ノ者」を呼出して問いただすことができるようにする必要がある。

七……外国の文書類を翻訳するためには、適当な訳官を命じて「記者」を助け、また、「画図アル所ハ画工ヲモ加フベシ」。

八……「此著述ノ文体ハ宜ク風味アリテ清麗ナルヲ要ス、且文章ノ尽サヽル所ハ画図アリテ之ヲ補フベシ」。順次これを刊行するが、その値段は安くして、「貧民ト雖モ之ヲ購《あがなう》ルニ難カラズ、只流布ノ衆多ナルヲ旨トスベシ」。

九……使節一行が経験したことでもまったく「公事」に属して「人民ニ益ナキモノ」は載せなくてよい。したがって、一行の長たる者か、あるいは誰かに命じて総裁たらしめたときは、刊行以前に「改正」してその点を「取捨」すべきである。

十……「各国ヲ経歴スル間ニ実践シテ以テ利益トナルベキ件々大抵左ノ如シ」。

以上がフルベッキのいう報告書編纂の要項だが、この編纂方針は、『米欧回覧実記』の「例言」にみられる方針とほぼ一致する。そして、上記の第十には、以下のような四九にわたる項目が列挙されているのである。この項目をみると、『米欧回覧実記』がなぜあらゆる分野にわたって執筆しえたかを理解する上できわめて重要な意味をもつから、煩瑣《はんさ》を顧みず全項目を掲げておく（もちろん、この諸項目の表記のままでないことはいうまでもない）。

「一．国中家屋ノ建築　二．都邑ノ明細　三．寓館舗店其他ノ家屋　四．著名ノ土地及ビ光景　五．山水　六．風土及ビ寒暖ノ度　七．海陸ニ於テ経験シタル天気陰晴　八．道路市街ノ景状　九．海陸運輸ノ便否　一〇．全国ノ制度風俗　一一．全国ノ情態　一二．教法ノ儀式及ビ祭礼　一三．人民ノ楽趣　一四．演劇戯場　一五．飲食ノ物料　一六．花卉果蔬　一七．博覧公会　一八．市街晝夜ノ景及ビ氣燈　一九．人民交際ノ倫序　二〇．男女ノ交際及ビ礼譲　二一．幼孩及ビ少年ノ風俗　二二．会計ノ誌述　二三．人民ノ制俗　二四．教育及ビ法教ノ模様　二五．大小学校　二六．新機発明・奇巧ノ機械　二七．新聞紙月刊書類　二八．書画　二九．萬物庫・書庫　三〇．各国帝王謁見ノ式　三一．受得タル別段ノ懇切及ビ敬礼　三二．会見ノ節詞類　三三．公私往復ノ書信類　三四．公私讌饗ノ礼　三五．財政ノ模様及ビ国債　三六．農工商業　三七．救郵ノ模様及ビ病院　三八．国民性情ノ善悪　三九．教法ノ制ヨリ起ル所ノ結果ノ良否　四〇．乞食及ビ貧民　四一．政府の体裁　四二．全国不朽ノ事業　四三．法律ノ良否　四四．市政及ビ囚獄　四五．議院及ビ裁判所　四六．海陸軍ノ制度及ビ強弱　四七．城堡武庫　四八．海港ノ有様　四九．其他ノ雑誌」（仮に番号を付した）

さらに「著述ヲ上梓スル順序」として、つぎのような執筆順序のサンプルを掲げている。

「序引　使節ノ派出シタル旨趣　官吏ノ銓任　進行ノ総綱　発程ノ準備　発軔及ビ航海　米国「サンフランシスコ」ニ到着　華盛頓府ヘノ陸路　大統領謁見ノ次第　米国ニ於テ理事官ノ研究シタル所ノ結果　米国ノ発程　英国ヘノ航海　同到着等」

そして、最後に次の文章でこの提言は結ばれている。

「著述ノ順序大抵右ノ如クナルベシ、尤モ繁劇中ニ之ヲ草シタレバ遺漏スル所モ多カルベシ、乞フ之ヲ恕セヨ」

フルベッキ提出のこの要項は、なんと精細かつ配慮の行き届いた提言であったことか。これこそが『米欧回覧実記』執筆・刊行の大前提になっていたのである。この基本方針と要綱および細微にわたる諸項目があったればこそ、久米は、畠山と共に子細な考察とメモをとりえたといえよう。もとより、それを実行したのは、久米邦武であり、畠山義成であり、岩倉使節団自身であった。このことは特筆・大書されなければならない。そして久米の米欧回覧中のメモ類や、『米欧回覧実記』編修のための数多くの原稿類(東京・久米美術館蔵)は、その実行過程を示すまごうかたなき証拠である。

『米欧回覧実記』の「例言」にもあるように、久米は米欧回覧中、夜となく昼となく、あるいは鉛筆やペンで、あるいは墨筆で、寸暇をさいてメモをとった。また、帰国後の久米は「政界の怒濤を避けて太政官内文書の堆中に隠れ」て、「心血の大著」たる『米欧回覧実記』の執筆と編修に全力をそそいだ(「文学博士易堂先生小伝」『久米博士九十年回顧録』上巻、一九三四年、早稲田大学出版部、所収)。前引の「環瀛筆記」をはじめとした何種類かの草稿がそれを如実に示してくれる。

ところで、『米欧回覧日記』の形態をとりはじめたものとしてはつぎの三種類の草稿がある。

(A)青表紙本　(B)白表紙本　(C)黄表紙本(いずれも仮称)

しかし、これらもごく一部((B)は比較的揃っているが虫喰いが多い)しか残されていないが、少なくとも(A)→(B)→(C)でしだいに体裁が整えられ、(C)の黄表紙本で九三巻となったことがわかる。久米邦武文書中のこの黄表紙本は初篇三冊、二篇三冊、三篇二冊の計八冊しか目下のところ見当らないが、京都府立総合資料館にはその完本(和装、美濃版、太政官罫紙墨書で浄書された一五冊)が所蔵されている。この浄書は三〜四人の手でなされているが、上記の久米家本の八冊と較べてみる限り同一の浄書本と思われる。

ただ注目すべきは、久米家黄表紙本は、久米邦武の朱筆による訂正と墨筆による加筆が大幅になされ、それによって全一〇〇巻となっていることである。これは初篇上冊所収の「例言」における朱筆による久米自筆の補訂で全体の変更はわかるし、上記八冊の各篇でそれは確認しうる。七巻分が久米自身の墨筆もしくは朱筆で増補されたのである。また、このとき初めて『米欧回覧日記』は『米欧回覧実記』と訂正されている。ここに全一〇〇巻五編五冊の刊行本と構成は同一となったわけだが、ではこの補訂された久米家黄表紙本と刊本との文章が同一かといえば、必ずしも同一ではない。推察すればそれは、明治十一年末の『米欧回覧実記』の刊行に当たっての校正に際して、さらに久米自身が手を入れたことによる文章の変化ではないだろうか。その意味でも、執筆・編修にかけた久米邦武の熱意とその文章の推敲は並々ならぬものがあったのである。

因みに、この黄表紙本が、前掲『岩倉使節の研究』（一一二〜一一三頁）に指摘される国立公文書館蔵であるべき、しかも現在欠落の『回覧日記』一五冊と同一のものであるとすれば、これは三部あったことになる。そして、もしこれを前提とすれば、一部が久米邦武の手許に、他の二部が流出して、その一部が京都府立総合資料館所蔵本（これは明治三十三年十一月十五日購入となっている。はさみ込まれたカードによると「田中治兵衛」の名があるが購入先か）となったのかもしれない（あるいは太政官→岩倉家→京都府立総合資料館の可能性もある）。そうだとすれば、もう一部がどこかになければならない。御教示をえられれば幸いである。

ともかく、刊本『米欧回覧実記』の成稿過程は大まかにいって以上の通りであるが、なお今後の詳細な研究をまたねばならない。久米邦武文書は、整理中であるが、そのためにもこの整理が早く完了し、目録化されて公開されることが望まれる。

日本近代史を見直す

はじめに——大きな曲がり角

「日本の近代史を見直す」というテーマで話したい。

現在、私は危機感に捉われている。それはイラク特措法が成立していずれ遠からずイラクへの派兵が行なわれるだろうと思うからだ。そうすると必ず憲法違反ではないかという批判が出てくる。現在(二〇〇三年一〇月当時)の小泉・安倍ラインは憲法を変えたらいいといっているから、憲法改正が具体的な形で出てくるだろうと予想している。この発想は本末転倒である。

自民党の安倍幹事長(二〇〇三年一〇月当時)は私の郷里の山口県から出ている人である。父親の晋太郎さんのほうは、ややハト派に近いのであるが、息子の晋三さんは祖父の岸信介《きしのぶすけ》(一八九六〜一九八七)氏の方の系統が色濃く出ている感じがする。

いままで憲法改正や海外派兵は抽象的には論議がされていたが、必ずしも具体的ではなかった。しかし、これをきっかけに二〇〇五年から二〇一〇年にかけてが、大きな曲がり角になるような感じがしてならない。戦後の長い間、日本は戦争とは関わりなくきたが、これから急速に怪しくなりそうな気配である。

日本近代史を振り返って見ると、十年おきに戦争と関係していた。日清（一八九四）・日露戦争（一九〇四）から第一次世界大戦（一九一四）、そして満州事変（一九三一）、日中戦争（一九三七）というようにずうっと続き、半世紀以上も戦争と関わっていない日本というのは、戦後にはじめて実現したのである。しかし、どうやらここ数年の間にそれがまた大きな曲がり角にかかろうとしているという感じがするのである。

ふたたび戦争ができる「普通の国」にしようということになるのではないかと、大いなる危機感を抱いている。

久米邦武編修『米欧回覧実記』を読み込む——小国への眼、アジアへの眼

いままで私たちが近代日本史として見てきたものは、日本の大国化の歴史だったのではないだろうか。戦前の日本は大国化をめざし、大国主義をふりかざしてつき進み、次第に列強の一メンバーとして肩を並べてきたが、それを、歴史は原因・結果と追いかけてきている。現実は結果としてでてくるが、それを合理化、正当化する形で歴史が作られていく。しかし、われわれの人生を考えてみても、現実に歩んできたもののみが人生の歩みだけだろうか、ほんのちょっとしたことから、ちがった道を歩んで行くということがよくある。現実の歩

みの中にも、そういう可能性を秘めたのがわれわれの人生といえる。

最近、私は「小国主義」という言葉を使っているが、日本には大国主義への歩みにたいして「小国主義」への道はなかったのか、という視点を入れて見なければいけないのではないかと考えているからである。これを私は「未発の可能性」という言葉で言い表している。現実には結果としてでてきたものがわれわれの目につくが、しかし、ちょっとしたことでそれとはちがった道が実現するかもしれない、ということを「未発の可能性」という言葉で言っているのである。そういう問題を包み込んで歴史を捉えていくほうが、歴史を豊かにし、またいろいろなことを考えさせることになるのではないかと思う。

いままでの歴史を見ると、大国主義の歴史を追いかけ、それを正当化している。当時の権力がなぜそうなるのかという支配の合理性・正当性みたいなものを論理づけているわけである。しかし、それだけではいけないのではないか。ちょっとしたことで、あるいは実現したかもしれない、もし(仮定の問題)、とはちがう、実現する可能性のあった契機を、「未発の可能性」と表現するならば、未発の可能性を包み込んだ歴史を、考えてみる必要があるのではないかと思う。

そう考えて日本の近代史を振り返って見ると、明治維新以後の明治国家が従来の教科書風の近代史だと、次第に大国になっていくという歴史だけを追いかけているけれども、それでは小国への可能性はなかったのか、ということが考えられてくる。いま取り組んでいる史料の一つに、明治初年に近代国家をどのように作ろうかと考えて、五〇名近い使節団の報告書がある。この使節団はアメリカからヨーロッパなど一二ヵ国を、一年十ヵ月かけて回り明治六年に帰るが、その岩倉使節団の報告書が、『特命全権大使米欧回覧実記』である。これは明治十一年に出された。これまでこの本には誰もあまり関心をもたなかったのだが、現在では岩波文庫本（校訂・田中彰）で『米欧回覧実記』という五冊本としてでており、簡単に手に入れて見ることができるようになった。ただ、カタカナまじりの文語体だから、ちょっと慣れないととっつき難い面もある。これは佐賀出身の久米邦《くめくに》武《たけ》という漢学者が書いたもので名文である。読み慣れていくと、リズム感のある格調高い文章に感動するくらいだ。一度騙《だま》されたと思って本屋さんで、手にとってご覧になっていただきたいと思う。内容は豊富である。日本の近代国家を作ろうとするときに、どういう選択肢があるかということを、結論は出していないが、日本が歩んだような「大国への道」も、「小国への道」というものをも全部包み込んで書いてある報告書である。

なぜこれが明治以降ほとんど見向きもされなかったかというと、一つは、日本は現実に大国として明治国家を作っていくから、これにたいする批判めいた「小国の道」もあるのだということは、政府にとっては必ずしも好ましい本（『実記』のこと）ではなかったといえるだろう。それと久米邦武自身が明治二十年代に「神道は祭天の古俗」という論文で、日本の神道というのはアジアにおける古いお祭りの形態に過ぎないと言ったものだから、明治天皇制国家をつくろうとするときに、神道を天皇制のイデオロギーにしようとしていた政府には、カチンときたわけだ。久米は当時、帝国大学教授だったのだが、非難されて退職させられてしまう。このようなことがあったから、久米は史学史上では名を留めているが、彼の「編修」・執筆になる『米欧回覧実記』は忘れられたものとなってしまった。しかし、内容は重要な意味をもっているので、いまは岩波文庫に入ってよかったと思っている。

『米欧回覧実記』は全部で一〇〇巻である。アメリカ、イギリスがそれぞれ二〇巻で全巻のほぼ四割を占め、ドイツは一〇巻、フランスは九巻、イタリアは六巻、ロシアは五巻となっており、その中にはベルギー、オランダ、スイスなどヨーロッパにおける小国も入っている。それぞれ三巻ずつで、デンマークは一巻である。小国は全部で一〇巻あてられている。それはドイツの一〇巻に匹敵する巻数になっているのだ。

この一〇巻のうちには、「大国への道」と同時に、それに匹敵する可能性を持った「小国への道」が盛り込まれている。『米欧回覧実記』それ自体も忘れ去られていたが、ましてや小国への道のことが具体的に暗示されているにもかかわらず、誰も注目しなかったし、紹介もされなかった。

そこで「小国への道」を追いかけたらどうなるだろうかと『米欧回覧実記』の研究を始めてから、もう足掛け三十年近くになる。これを岩波文庫に入れてから、近代史の研究者がようやく注目して取り上げてくれるようになったわけだ。

一般にはアジアから日本は抜け出して「脱亜入欧」といわれている。『回覧実記』の第五編を見ると、「みんな争うてヨーロッパに行こうとしているけれども、しかしそのヨーロッパの産物の原料は東南アジアにあるのだ」、アジアにもう一度目を向け直さなければならない、というようなことが書かれている。私も最初は読み方が不十分で、「脱亜入欧」の原型かなと思ったのだが、よくよく読んでみるとそうではなく、アジアに目をもういっぺん向けよということが主張されている。「脱亜」でアジアに向けての目を欠落しているが、「脱亜克服論」というような論がそこに展開している、というように読み取れる。

これまでは取り上げられなかった大国ではない小国への選択肢に焦点をあてて取り上げることは、これからの二十一世紀の日本をどのように進めていくかに大きな示唆を与えるだろうと思う。日本は敗戦からこの半世紀以上ずっと小国であった。日本国憲法は小国を前提として作られている。けっして大国のものではない。そして日本は軍事力を放棄した。ところが、いまこれから向かおうとしている日本は、この小国ではなく、ふたたび「大国への道」を狙っているとしか思えてならない。

このようなことを考えてみると、明治初年の『米欧回覧実記』に出てくる「小国への道」を中心にした視点を、もう一度考えてみてもいいのではないかと思いはじめたのである。

「未発の可能性」としての「小国への道」

こうした視点から日本近代史を見直して見ると、自由民権運動は明治十年代に展開するが、対する当時の明治政府は「大国への道」を目指していた。いや、民権運動にも大国主義的な志向がないわけではない。しかし、植木枝盛《うえきえもり》（一八五七〜九二）などの憲法草案をみると、国を小さくするほうが直接民主主義が実現し易いという前提で、日本を小さく分けて小国とし、国際的にはいまの国際連合のような組織を作って、それをいかに嚙み合わせていくかというような提案がなされている。

そこで現実に展開する道とは違った「未発の可能性」をもった歴史を、もう一度振り返って見る必要がありはしないかと考えるわけだ。この『実記』の中から「大国への道」、「小国への道」は選択肢として読み取ることができるのだが、そのことは同時に、小国という視点から日本近代史を追いかけるということによって、日本近代史を基本的に捉え直していかなければならないということにもなる。これにはなお時間がかかりそうだが、やらなければならない今後の研究だと考えている。

「未発の可能性」という言葉を使ったが、これももう少し説明をしておかなければ誤解を招きそうである。歴史は因果関係で原因と結果とを捉えていくが、単に結果だけを見るのではなく、実現の可能性のあったような契機を包み込むと、ひょっとしたら、こうなったかもしれないというようなことを含めてみていく必要があるだろうと考えているのである。この「未発の可能性」としての選択肢を入れて考えてみると、歴史にはもう少し幅広い見方が出てくるのではないかと思う。個人の人生と国家とはレベルがちがうから、そう簡単に人生の「未発の可能性」と対比できるものではないが、国家に「未発の可能性」を含めた選択肢があったかどうか、あったとすれば、どういう可能性だったか、ということを、改めて洗いなおしていくということが必要だろう。

先ほども言ったが、『米欧回覧実記』という明治十一年に出された、岩倉使節団が日本の近代国家をどのように作るかという、その選択肢を探りに米欧を回った報告書を紐解いてみて、その中から出てくることを読み取っていった私自身の解釈ではあるが、従来の歴史ではそういう問題意識が欠けていたのではないかと、強く感じて「未発の可能性」という聞きなれないことを申し上げたわけである。

従来は「大国への道」だけで追いかけていたから、目はそちらの方ばかりへ向かっていた。私自身も教科書を作りながら反省しているのだが、「大国への道」を結果的に論証づけて、それを道筋にしている教科書が多いことは事実である。最近ではこれではいけないと、「小国への道」というコラムを入れたり工夫をしているが、いずれ教科書の全面改訂をするときには、書き方を変えなければならないと考えている。これは実際に展開した歴史だけではないので、「未発の可能性」という言葉で表現できるものは、工夫しなければならないと思う。

また、「脱亜入欧」という語は、これまで一般的な用語として福沢《ふくざわ》(諭吉《ゆきち》)の言葉として言われている。福沢には「脱亜」という論文がある。先年亡くなられた丸山真男さんが、「脱亜入欧」というのは福沢が言った言葉ではない、「脱亜」とは言ったが「脱亜入欧」とは言ってはいない、と福沢を弁護された論文もある。「脱亜入欧」にたいする考え方にたいしてこの『米欧回覧実記』は、「脱亜克服論」と私が名付けたような、単に入欧ではなく、東南アジアに着目してアジアを見直していこうという考え方があることを、注目しなければならないと思う。『米欧回覧実記』は百科事典のような書き方で一二ヵ国の政治、経済、社会、文化などが書かれている。これをどのように読み取るのかによって、解釈はちがってくる。最近では文庫本を使っていろいろな研究が出始めたが、なお今後の研究を待たなければならない。

「小国主義」で日本近代史を見直す

このような観点から日本の近代史を見直すというのがここでのテーマ、趣旨になる。具体的な事例で述べると、自由民権運動は、戦後研究が盛んになった。民権運動は明治十年代において政府が目指している方向とそれに対する批判、自由と民権という立場でこれに対抗する運動になっている。しかし、現実には、明治憲法がつくられ、そしてイデオロギー的には教育勅語で色揚げされていく。

明治の十年代に私擬憲法(民間の憲法草案)といわれる憲法私案がたくさん出る。「明治十四年の政変」がおこるが、この十四年政変の前後には私擬憲法がたくさん出ている。その草案を集めただけで一冊の資料集ができているくらいである。これはいままで埋もれたものがしだいに発見されて研究が進んできたためにほかならない。これらの研究によると、明治十年代に政府が憲法を作ろうとしたのにたいして、民間にとってはどういうものの方がいいかというので盛んにやる学習会があって、民権運動の展開の中でその憲法学習会が盛んになったのである。

その憲法草案のなかには、植木枝盛の憲法草案がある。それは現在の日本国憲法に通じるような内容の憲法草案である。この植木枝盛の憲法草案を研究していた鈴木安蔵《すずきやすぞう》(一九〇四〜八三)が、敗戦後、高野岩三郎《たかのいわさぶろう》(一八七一〜一九四九)を中心としたグループの憲法研究会にいた。敗戦後、GHQが日本政府に憲法改正を示唆したとき、高野・鈴木らのグループは、植木憲法を研究していたから、それを下敷きにしながら敗戦後の新しい日本国憲法草案を作る。

その憲法研究会が発表した憲法草案には、日本政府は振り向きもしなかったが、GHQはこれに注目してすぐに翻訳する。現在の日本国憲法の草案はGHQが作るが、その中にこれは取り込まれているのだ。このことは見逃せない重要な事実である。

先日(二〇〇二年十月十三日)も当時のGHQの憲法草案に関係した米国人ベアテ・シロタ・ゴードンさんに会ったが、彼女はいま七八歳くらいだろうか、そのときは一番若い唯一の女性だった。彼女に聞いたところ、高野・鈴木らのグループの作った憲法草案を聞いたと言っていたから、GHQの作った草案にちゃんと包み込まれていたのである。だから単にGHQの「押付け」と言われているが、詳しく見ていくと必ずしもそうとばかりは言い切れないところがある。

当時の戦後の日本政府が作ろうとした案は、例えば明治憲法に「天皇ハ神聖ニシテ侵スベカラス」という条項があるが、その「神聖」を「至尊」と言いかえた程度の案であった。そこでＧＨＱはそんなものでは憲法改正案にならないというので、自分のほうで草案を作ることになった。そのなかには右に述べたような民間の憲法草案も参考にされていたから、日本人の考えも流れこんでいるのである。単にＧＨＱが考えたものばかりではないのである。というわけで、押付けと簡単にはいい切れない。

最初に申し上げたが、現在（二〇〇四年一月）の政府の小泉・安倍ラインはいまの日本国憲法の改正を目指していることは、明々白々である。小泉首相も最近ではそれを明言している。イラク派兵がおこなわれると、憲法違反であるという批判がでるから、「じゃ憲法改正だ」ということになるだろう。事実を先に作っておいて憲法をそれに合わせていくという、先ほどいったように本末転倒した発想の問題になろうかと思う。

思想としての「小国主義」

話を戻そう。日本の明治以降の歴史展開が大国主義の歴史であったのにたいして、もう一つの「小国への道」という可能性のある選択肢が、『米欧回覧実記』のなかに包み込まれていたといったが、この「小国主義」の立場から従来の明治憲法への道、つまり「大国への道」に対しての批判も自由民権運動期にはあった。それを最も理論的に展開したのが中江兆民《なかえちょうみん》（一八四七〜一九〇一）である。

中江兆民は憲法草案それ自体は作らなかったが、様々な論稿を書いて日本のあり方が、どうあるべきかを盛んに主張している。そのなかに「小国への道」(「小国主義」と言っていい)の考えを示している。兆民の書いたものの一つに「信義を堅守して動かず、道義のある所は大国といへどもこれを畏れず、小国といへどもこれを侮らず」という一文がある。相手が大国だからといって怖気づくのではなく、信義、道義を全面に出して、それを前提に、たとえ大国が力でおしつけてきても、信義、道義に反するならば断固としてこれと闘わなければならない。大国が小国を侮るということに対してもそんなことをさせてはならない。『同覧実記』にも同じような言葉が出ている。「彼れもし不義の師を以て」、つまり大国がもし理にかなわない軍事力で小国に圧力を加えるようなことがあれば、「挙国焦土となるも戦ふべくして降るべからず」。つまり、国を挙げて国が焼け野原になっても、それに抵抗するようにしなければならない、と兆民は言っているのである。実際は焼け野原になると、敗戦後の日本のようにどうにもならなくなるのだが、それだけの覚悟をもって大国主義への道と闘わなければならないと強調しているのである。

小国主義の道の大前提には、信義・道義をおかなければならない。この意味では日本国憲法の前文の中にもこの主張が入っている。そして軍事力は第九条で戦争の放棄をしている。

明治十年代における自由民権のなかでの小国主義の思想というものは、日本国憲法のなかに脈々として流れていると言ってもいいわけである。それは先ほど言ったように、自由民権期の憲法草案の意見がその中に取り込まれているとすれば、それはそのように言っても不条理ではない。信義・道義を前提としてあくまでも自立の精神を貫く、たとえ焦土となっても闘うべきで、大国の力に負けてはいけないという覚悟が必要だというのである。

いま、日本国憲法下での小国主義的な主張の中で、「たとえ挙国焦土となるも戦ふべくして降るべからず」という気概が、本当にあるだろうかということが私の一つの大きな懸念でもある。日本国憲法は平和憲法であるということは、言葉では誰もが承知して主張するのだが、それを守るためにはどういう気概が必要かということだ。その意味では軍事力を持って闘う方がむしろ容易かもしれない。軍事力以外の方法で闘うことは不断の勇気と断固とした気概のいることである。

日本国憲法は戦争を放棄した。そして小国主義を立国の精神とすることになると、その小国としての日本を勇気をもって断固として守るという気概が大前提として必要になってくる。単にそれは戦争はいやだということよりははるかに難しい。いま日本に欠けているのは、そのような勇気と気概ではないだろうか。そのためには、そうした国家の哲学を、はっきりと国民や世界に明示することである。

小国主義の立場から日本近代史を見直していくと、これまでのいろいろな問題をもう一度考え直して見なければならないことが起こってくる。初期議会が明治二十三年に開かれて、民党(現在の野党)の主張がその中にはあるのだが、それが大国主義の中になだれ込んでしまう。そのきっかけになるのが、日清戦争(明治二十七年)である。

歴史でもしというのはタブーだが、もし日清戦争をおこさないか、あるいはおこしても日本が中国に敗れていたら、おそらく日本の近代天皇制というのは成立しなかったと思う。日本の近代天皇制は日清戦争で成立し、十年後の日露戦争で確立する。だから日本の近代天皇制というのは戦争と不可分の関係にある。戦争を契機にして成立し確立していく。戦争をすることによって緊張感を持って維持してきたというのが敗戦までの日本であった。戦争に次ぐ戦争という、ほとんど息つく暇もないほど戦争を重ねてきたのが日本だった。そして、敗戦後続いた日本の平和を、これからどのように維持していくかが、いま課題となっているのである。

大日本主義か小日本主義か

もう少しさかのぼって大正期にはどうだったのかを見てみると、三浦鉄太郎《みうらてつたろう》と石橋湛山《いしばしたんざん》がいるが、この三浦銕太郎と石橋湛山は、「大日本主義か小日本主義か」という主張を提起している。それまでの日本は「大日本主義のもとで形成された」といい、それにたいして彼らは「小日本主義」（小国主義）が必要だという。三浦銕太郎や石橋湛山の「小日本主義」の立場から言うならば、植民地というものは全部放棄である。これを石橋湛山が徹底して主張する。日本のもっている植民地は全部放棄し、植民地にいる日本人を引き上げる。植民地に日本人を出して、あたかもそれがプラスになるようにいわれているけれども、そうではない。湛山は経済的な計算で実証的に主張する人だったから、論文の中でその論を展開して決してプラスにはならないとし、植民地を放棄して、中国や朝鮮その他と付き合うほうが、日本にとってはプラスになるという主張を大正期にしている。このような「大日本主義か小日本主義か」という三浦銕太郎や石橋湛山の主張は、もっと評価されていいのではないだろうか。

この「小日本主義」(小国主義)の主張が広まらなかったのは、「昭和」になると山東出兵で幕開けして、戦争に次ぐ戦争があり、「昭和」の前半期は戦争の時代だったからである。戦後の昭和後半期になってようやく平和の時代になるから、「昭和」といっても前半と後半では、がらっとちがうわけである。それは戦前・戦中の天皇が白馬「白雪」に跨《またが》って閲兵をする軍服姿のものと、戦後、その軍服をどこかの抽斗《ひきだし》にしまい込んで別の抽斗から背広とソフト帽を出して、「あ、そう」と言って日本全国を歩く図を考えれば象徴的である。

同じ人がそれだけ本当に変われるのだろうかということなのである。福沢(諭吉)の言葉に一生のうち二つの生涯を送るというのがあるが、同一人物がそうなることはほとんど不可能に近いのだが、それをやってのけたのが昭和天皇だろうと思う。だから一面では退位論があったし戦犯論もあった。しかし、戦犯論は日本の占領戦略の絡みからＧＨＱが外した。

天皇は、最初のころは「私が責任を持つ」と言ったが、ＧＨＱが戦犯から外したとたんに自分は戦争にタッチしなかったと、平和主義的な主張に変わっている。

私は代々木の練兵場で白馬「白雪」に跨った大元帥陛下（昭和天皇）に閲兵されたのだが、それと戦後の背広姿というものは全くちがったものだった。これを同一人物・同一人格で体現したということは、皮肉をこめて言うと、実に「偉大」だと言えなくもない。それは「昭和」という非常に矛盾した時代の産物でもある。

日本国憲法下の自衛隊「派兵」

この昭和の前半期の大国主義的な歩みが破産して、戦後新しい日本国憲法ができた。先ほども言ったように日本国憲法はGHQが草案を作るのだが、そのなかには様々な要素が入っている。結果的に現在の日本国憲法にある戦争放棄の主張は、まさに小国主義憲法のそれだと思う。半世紀がたってだんだんにこの憲法を変えなければならないという案が意見として正当化される気配がいまや出てきている。現にいままでの総理大臣は抽象的に言っていたが、小泉内閣になってから首相は、憲法を改正し軍隊を派遣できるようにしたいと示唆しているかのようである。その前触れがイラク特措法の施行なのだ。

私の戦争中の陸軍士官学校の同期生（六〇期）の中には、自衛隊の幕僚長や六本木の幹部が多くいたが、その頃の彼らの話でいえば、「俺たちは敗戦を体験したから、俺たちが主導権を握っているときは戦争はしない。しかし防衛大学をでて一期生から三期生までは、社会から白い目で見られ入学してきたから、この人たちまでは話が通じる。しかし五期以上になってくると全然話が通じなくなってくる。そうなったときが危険になってくる」という者もいた。その後それは実際の武力行使とはならなかったが、チャンスがあれば更新した新装備の「オモチャ」(?)を実際に使ってみたいというのが、制服組の立場ではないだろうか(もちろん、部下の命を預かっているという立場からの慎重な人たちもいる)。その心情は分からないではないが、それが危険なのである。

それを政治がきちんと抑えていればいいのだが、戦前の場合、それを政治が抑えることができなかった。だから、軍部は暴走するという形になった。いまの政治家もイラク「派兵」をしようか、どうしようかというようにふらつく人が多いから、そうなってくると、歯止めが利かなくなってくる。

実質的には日本の自衛隊の装備は、アメリカに次ぐ新鋭装備だから、けっして他の国に勝るとも劣ってはいない。だから実際にイラク「派兵」で露払いをしていくと、今度はそれが憲法に合わなければ憲法のほうを変えていくことになる。そのことがこれからの二〇〇五年から十年の間は危険水域になるということである。小泉首相は派兵ではなく派遣だと言っているが、これはまさに派兵である。

この派兵が現実に年内に行なわれるか或いは年を越してのことになるかわからないが、いつイラクに出すかというのは、小泉首相がタイミングとアメリカとの動向を睨《にら》んで考えているわけである。何とかして実績をまず作ろうとしている。アメリカのブッシュ大統領が日本にやってきて、どういう話が行なわれるかはわからない。もちろん、どういう話かが新聞に載るのは表面的なことしか出ないと思う。

アメリカとしては日本の自衛隊の「後方支援」という名の参加が、なんとしても望ましいと考えている。だから、どういうプレッシャーをかけるのか。小泉首相や政府が自主的、主体的にとか言ったときはちょっと気をつけて欲しい。自主的にと言ったときには必ず背景にプレッシャーがあるからである。主体的に決めたと言う場合は、プレッシャーのあった別な表現だと考えたほうがいいと思う。自主的とか主体的にとか強調すればするほどこれは危ないと考えないと、実際の問題が分からなくなるだろう。

おそらくその辺の確認が近々に行なわれると思う。そうでなければ、わざわざブッシュ大統領が日本にくるということはないだろうし、ブッシュ大統領にとって小泉首相は一番頼りになる人物だと思う。だから十分気をつけて見ておかないと見誤る。

ニュースタイルの変貌

本日(二〇〇三年一〇月一五日)の話の筋道からいうならば、戦後ずうっと日本は、日本国憲法のもとで「小国主義への道」を歩んできた。その筋道をかえて、明治このかたの「大国への道」というイメージをいまニュースタイルに変えるということである。ここで一番怖いのはニュースタイルで変えられていくということである。むかしは変わることは一見すると分かる時代があったが、いまや変わることが一目では分からないようにしていく。戦争への道は新しいスタイルをとる。戦争をやるのだというナマのかたちで迫るわけではない。イラク和平のための戦争であり、非戦闘地域での、武力行使をしない「後方支援」であるなどといういろいろな形ででてくる。しかし平和構築のための戦争というのがもしあるとすれば、日本のかつての戦争も「東洋平和のため」ということで正当化される。いま、「先制」論が出てきて、「先制」というのは合法的だといわれている。アメリカのイラクに対するいまの行動は「先制」論である。これを理由にすれば何でもできる。戦争中の「予防検束」はまさにそうだった。「あいつは何かやるかもしれないから予め拘束する」というのだ。だからしっかり目を開いて見ないで、こういう問題をうっかり見逃していくと、だんだんそれが実績になっていき、いつの間にか本質が変わってきていることになる。

イラク派兵は戦争をやりに行くのではなく、「後方支援」という形であるというが、それは一つの実績として次のステップが準備されている。「国際協力」が強調されるが、つまりそれはブッシュ大統領支援ということである。いままでは抽象的に表現されてきたが、今の内閣の場合には具体的な形で、本末転倒な発想で憲法改正へと近づけられていくのが実情である。非常に怖いという感じを持たざるを得ない。

「小国主義」と地域主義

「小国主義」というのは、逆に視点を変えていうならば中央にたいする地域主義にも通じると思う。そして、「小国主義」というのは沖縄と北海道には重なってくる。私が日頃から感じているのは、いまの沖縄は基地があり、北海道とはちがった条件にある。明治からこのかた北海道と沖縄は本州とちがった状況にあった。この二つの地域は共通の面と共に北海道の開拓は投資型であり、沖縄では収奪型というようにベクトルの方向がちがうのである。

現在の沖縄には基地があるから、それにたいする抵抗姿勢が中央政府にたいして相当強くある。それにたいして投資型の北海道の開拓は、ロマンがあってそうなるのかもしれないが、中央にたいしての抵抗姿勢は沖縄とちがっている。

本州は明治四年に廃藩置県が行なわれ、北海道に開拓使がおかれたのは明治二年だったが、実際に県(三県一局)がおかれたのは明治十五年であり、沖縄の場合には「琉球処分」というかたちで置県がなされたのは明治十二年である。「琉球処分」という言葉が登場してくるが、「処分」というのはけっしていいことには使わないのである。

北海道はおおらかということもあると思うが、なんとなく沖縄と比べると、こうした問題に対して、ほんわかした感じである。投資型というのは政府に寄りかかるところがあるから、今でもそれが抜け切っていないのではないかという感じがする。沖縄はむしろ基地で生活を収奪される形だから相当に抵抗する。だから沖縄の雰囲気と北海道の雰囲気とはちがっている。私はときどき沖縄に行くが、沖縄には米軍基地があるせいだと思うが緊張感があるし、われわれが踏み台になっているという意識が強い。北海道も北海道開拓といわれているが、それも明治政府このかた相当踏み台になっているところもあるわけだから、北海道はもっと中央政府にたいして、抵抗の意識を持ってもいいのではないか、と思うがなかなかそうはならない。日本の近代を考えるときに沖縄と北海道をいつも対比して、そこから日本の近代を考える、ということが大切である。日本の近代はだいたい本州中心である。最近の高校の教科書には沖縄や北海道のことが相当書き込んであるが、今から二、三十年前には沖縄と北海道のことはほとんど書いてなかった。だから歴史の捉え方は変わってきたといえなくもないが、まだその点においては不十分である。沖縄と北海道はちがった要素はあるが、まだどこかで差別されていることは依然としてある。

たとえば、かつて駐道大使というものが置かれていた。こんな外交官をべつに置くというようなことがまかり通ること自体がおかしなことである。そこから脱却して北海道と沖縄が手を組んで、今までのやり方に対抗するということがあってもいいと思う。沖縄の人は北海道にくるが、北海道の人は、歴史研究者に限っていうと、あまり沖縄に行こうとしないようだ。私は何故そんなに沖縄に行こうとするのかと言われたりする。沖縄と北海道はセットにして、そこから中央政府を見据えていかないと、その本質が見抜けないだろうと私は思っている。だから沖縄と北海道の歴史を追いかけていくと、いかに差別されてきたかということがわかる。市町村の地域問題もそうである。日本の近代史は、この沖縄と北海道を視点におかないと、本質を見誤るというのが私の年来の主張なのである。それはまだ研究でも十分だとはいえない。これは他人事ではなく自己批判にもなるのだが……。

北海道に住んでみると、日本列島がよく見える。ところが九州からは北海道はなかなか見えないのではないかと思う。私はたまたま札幌から福岡空港へ飛ぶことが多いので、日本列島を縦断するのだが、北海道に住んでからは、日本列島がよく見えるように思うのは私のみだろうか。

そういう意味で、北海道・沖縄を基点にしてもう一度、日本の近代史を見直す。つまり、「小国主義」の視点でもう一度歴史を見直したらどうなるのか、ということである。「小国主義」というのは大国にたいする小国の立場からの主張だが、大国のほうがなんとなく景気がいいらしい。『小国主義』(岩波新書、一九九九年)という本を私は書いたが、どうも関心があまりないようで残念に思う。しかし、そのうち必ずそれに注目するときがくるだろう。日本の近代史を北海道と沖縄から見直すということ、そして従来からの大国主義の歴史ではなく「小国主義」の立場で見なければならないのである。小国というのは勝者に対して敗者、強者に対して弱者というように、重ねられがちだが、そういうことではない。もっと毅然としたのが「小国主義」である。

「先制と自衛」

日本はもともと小国だったが、明治十年代の憲法草案(私擬憲法案)のなかでも小国は小国に徹して生きよう、というものがあった。そのためには十分な気概を持ってそれを充実させないといけないということのあったこともすでに述べた。

日本国憲法で二十一世紀をどう生きるか、それに徹するにはどうすればいいのかということが、これからの課題であると思う。それがややもすると「小国主義」は景気が悪いから「普通の国」のように軍事力を持って対抗しようと、「大国への道」へふたたび歩もうではないかというような意見もちらちら見え始めている。

そして憲法改正というものが、小国主義的な憲法から大国主義的な憲法へ切りかえようという方向になってきつつある。これはアジアの目から見ると、「ふたたび日本が」ということに必ずなる。そこをよくよく考えなければ危険だという感じがする。憲法改正というよりも、いまの日本国憲法を、どうやって徹底して自分のものにするか、ということである。

幸い半世紀以上、日本国憲法は浸透しているから改正論は簡単にはいかないとは思う。しかし今日では、周知の通り、憲法を改正しようということが、きわめて具体的に出はじめている。そのときに必ず「自衛のための」というのが出てくるが、「先制と自衛」というのは、いつもそういう形のときに使われる言葉である。それが出はじめると、これは危険水域になったというふうに、ちょっと立ち止まって冷静に考えてみなければならないだろうと考える。

小国に生き抜くということは、大国で生きるということよりも難しいということだ。そのほうが勇気と気概がいるのである。

おそらく先ほど言ったように、二〇〇五年あたりから具体的に危険水域に入るというのが今の情勢だと思う。小泉・安倍ラインのなかで次第に機が熟していくのが危ないという感じである。

小泉首相は、「私はあと三年しかやらない」といった。今までそんなことを言った総理大臣はいなかったわけだが、三年間はやるということを自信満々で言っているのである。テレビを見ると支持率が六二％だが（その後大分下がったが）、なぜそんなに高いのか、今後を十分見つめることが必要であろう。

おわりに――平和憲法を踏まえて

一九四五年八月十五日の敗戦は、あまりにも多くの犠牲のうえに立っている。アジアで二千万人といわれているし、日本では三一〇万人もの犠牲といわれている。そうした犠牲のうえに初めて平和憲法が出来てきたということは、単に出来たというのではなく、どうやってその犠牲の上に立った平和憲法を、きちんと踏まえていくかということを改めて考えてみなければならないのだ。

たしかに私も若いときに日清、日露戦争の話は遠い世界のように思っていた。アジア太平洋戦争は私などにとっては、この間あった戦争というイメージだが、敗戦から半世紀以上もたつと、若い人たちが持つイメージとかけ離れてくる。年寄りの繰言《くりごと》と受け取られかねない状況がだんだん出てくると思う。

それにしても、政治の動きがどうであろうと、朝鮮（半島）や韓国で何が起きようと、最近の学生の反応が鈍いことが一番心配なのである。私が大学に籍を置いていたときには、彼らの主張を書いた立て看板がなくなったことはほとんどなかった。大学紛争に私はタッチしてきたのだが、そのエネルギーがいまやなくなったと思われるのが、逆に心配なわけである。一部の人たちの献身的な活動には敬意を表しているのだが……。

若者に活力がなくなったら、国の将来は危なくなる。明治維新をみても平均年齢が二、三十歳代で、一番若い人たちは多く幕末に命をかけている。明治維新はそういう若者によって変革され、推進されてきたのである。

最後にもう一度強調したいのは、日本の近代を見直すことから、その失敗の歴史を教訓に「小国主義」を堅持して生きぬいていくという、断固たる勇気と気概をもってこれからの日本はやっていかなければならない、ということである。日本の近代の歴史から、いまの日本がどうあるべきかを、真剣に考えて前向きに対処しなければならないのである。

あまりまとまらない話をしたが、少なくとも「小国主義」というのを改めて深く刻み込んで、それがどういうものであるかということを、もう一度考えてみていただきたいと思うのである。

二十一世紀への転換点に

――「小国主義」をめぐって

ここに書かれてあります、たいへん大きなテーマでお話申し上げるわけですけれども、サブタイトルにあります『小国主義』をめぐって」という問題を中心にして、日本の近現代を考え直してみたらと思いまして、以下の話をさせていただきます。

ご承知のように、いわゆる二〇〇〇年問題ということで、この正月(二〇〇〇年一月)は何が起こるか分からないと、いろいろ心配されました。これは単に日本だけではなくて、地球規模の問題でもあったわけですが、幸いに今のところ何も起こっていない。若干トラブルはあったようですけれども。ここで考えてみますと、一方では非常に科学が進歩している、と同時にその反面いつ何が起こるか分からないというようなことが背中合わせにあるわけです。これは原子力の問題にしましても、科学の粋を集めて人間の生活にプラスになるように、ということではありますけれども、昨今の事例から分かりますように、とんでもないことが次々に起こってくる。そういうプラス面とマイナス面がいつも背中合わせにある。しかも、それが地球規模といいますか、そういう形で起こる可能性がある、ということを我々は十分考えてみなければならないだろうと思います。それのみならず、国家あるいは宗教その他の問題で、地球上のいろいろなところに現に今もトラブルは起こっているわけですから、単に日本のことだけではなくてインターナショナルな、あるいはグローバルな規模での問題を、いつも念頭におきながら、これから申し上げる問題も、考えるようにしなければならないだろうと思うのです。

「小国主義」と「未発の可能性」という二つのキーワードを最初に申し上げておきます。この小国主義というのはおそらく、聞き慣れない言葉とお感じになるだろうと思うのです。辞書を引きますと、大国とか小国というのはもちろんございます。大国というのは、国が大きいとかあるいは人口が多いとか、あるいは勢力が強いとかいう言葉です。その反対の用語として小国があります。ところが大国の項目のところには大国主義という言葉がでているのです。この大国主義というのは国際間の問題をその国が自国の経済力なり、あるいは軍事力なりという強大な力をもって、他の小国に対して威圧を与える態度という説明が、どの辞書でもでてきます。しかし、小国のところを見ますと、小国主義という言葉はでておりません。つまり、小国主義というのは、なお市民権を得ていないと言っていいかと思います。この小国主義の説明は、これからこの話全体の中でいろいろ申し上げますけれども、概念規定は難しいのです。ここでは一応アンチ大国主義、大国主義に反対する概念だというふうに、まずお考えになっていただきたいと思います。

もう一つの「未発の可能性」ですが、これもなかなか聞き慣れない言葉だと思います。我々が歴史を振り返ってみますと、歴史は一つの歴史的展開として展開していますが、それが唯一のコースだったのだろうか、と考えてみますと、必ずしもそうとは言えないところがある。いくつかの選択肢があって、その選択肢の一つが現実の歴史の展開過程になっているのです。

例えば、幕末の慶応三年(一八六七)の段階で徳川幕府が倒れ、明治の新政府ができ上がる。教科書に載っておりますように、慶応三年十月十四日の大政奉還、十二月九日の王政復古の大号令、そして慶応四年(明治元)一月三日の鳥羽・伏見の戦いというように、ほんのわずかな期間に大きな転換があるわけです。この第十五代将軍の徳川慶喜《とくがわよしのぶ》が朝廷に対して政権を返すという大政奉還の時に、慶喜の胸の中には、これまで幕府は朝廷から庶政委任というのを二回受けている。つまり、朝廷は政治権力を幕府に任すということがなされていた。とすると、徳川幕府が大政を奉還するということは、当時の越前藩士松平慶永《まつだいらよしなが》(一八二八〜九〇)の言葉にもあるのですけれども、奉還された朝廷はその政治権力を持て余して、もういっぺん徳川慶喜のほうへ戻すのではないか、という見通しがあったと思われます。だから、今までに庶政委任は二度もあったのだから、二度あることは三度あると考えてもおかしくはないわけですね。事実、大政奉還をしたあと慶応三年の十一月ですけれども、徳川慶喜の側近でありました西周《にしあまね》(島根県出身の洋学者)が、幕府を中心として、つまり徳川慶喜(大君《たいくん》)を中心とした新しい統一国家プランを作っているのです。

当時は、西南雄藩、薩長を中心とする西南雄藩の方がむしろ新しい権力構想の具体案を持っていなかった。

坂本龍馬《さかもとりょうま》が綱領（「船中八策」）を若干書いていますが、その程度で抽象的なものであった。ところが、西周が徳川慶喜を中心とした国家体制（大君制国家）の具体的なプランを作っておりまして、これは現在東京の国会図書館に憲政資料室というところがありますが、そこの貴重書庫の中に保存されています。幕府（徳川氏）は当時一番権力が強かったわけですから、自らを中心として新しい統一国家を作ろうという、いわば新徳川国家構想（大君制国家構想）のプランを慶応三年の十一月の段階で持っていたとしても不自然ではない。そういうプランがあって、それが実現する可能性があったからこそ、それをおそれた討幕派側は十二月九日に王政復古というクーデターを起こすわけです。それでもなおかつ徳川氏を支持する勢力があったわけですから、討幕派は軍事的挑発でこれを軍事力で破る以外に手はないというので、慶応四年（明治元）一月三日の鳥羽・伏見の戦いになる。ところが初戦で幕府側が敗北しますので、状況が変わる。現実には西南雄藩側の勝利となるのですが、江戸に帰った徳川慶喜はなお、徳川氏を中心とした権力構想を練っていた節がある。新政府と戦う準備をしているというような記事が、外国新聞なんかには出てくるのです。

ヨーロッパの歴史でも権力の一番強い大きい封建領主が統一の中心になるわけですね。だから、ほんのちょっとした条件ないし、状況の差で、西南雄藩、つまり薩長を中心とした維新政府の方に流れがいったことになります。ここには選択肢がいくつかあったわけです。大君制国家構想というのは、まさにその一つとしての「未発の可能性」の選択肢であったというようにいえるかと思うのです。我々の個人の場合でも、人生の様々な局面において、選択肢がたった一つということはあり得ないわけで、それがいろいろな状況のなかで、その中の一つが具体的な形で展開するということになるわけです。そういう具体性を持った選択肢、これを「未発の可能性」と私は名付けているので、それはタブーとされている「もしも」という歴史の発想とはまったくちがいます。

以上、申しあげました「小国主義」と「未発の可能性」をキーワードにしながら、これからの日本近代史の問題を考えてみたいと思います。

最初に岩倉使節団についてお話しします。ご承知のように、この使節団は、明治四年(一八七一)の十一月、右大臣岩倉具視《いわくらともみ》を特命全権大使とし、木戸孝允《きどたかよし》、大久保利通《おおくぼとしみち》、伊藤博文《いとうひろぶみ》、佐賀の山口尚芳《やまぐちますか》の四人の副使のもとで、総員四十六名の一大使節団が横浜港を出航します。一行には維新政府の各省の理事官やその随行の専門官(テクノクラート)がおり、多数の留学生も同行します。そして約一年十か月にわたって、アメリカをはじめヨーロッパを回覧し、海路東南アジアを通って帰ってきます。当時太平洋を横断して米欧にいくのは、あまり一般的ではなく、むしろ東南アジアの方を通ってヨーロッパへ行くのが一般的ですけれども、彼らは太平洋を真直ぐ渡ってアメリカのサンフランシスコに着きます。

最初の国アメリカでこの使節団は大歓迎を受けます。サンフランシスコのグランドホテルで、歓迎パーティーが開かれるわけですが、その時にこの歓迎ぶりをみて副使の木戸孝允はこんなことを手紙に書いているのです。「今、我々はアジアの遅れた国としてアメリカに来た。大歓迎を受けた。しかし我々がやがて文明化し、近代化していった時に、アジアの国々が我々の国を慕ってやって来た時に、今我々がアメリカで受けているような歓迎の仕方ができるだろうか、ましてや人民においておや」と。そして、たぶんアメリカとは違った態度で臨むのではないか、と言っています。この木戸の危惧は非常に鋭いわけですね。その後の日本のあり方がそれを示しています。木戸は欧米人と日本人とは、別に人間として差があるわけではない、それは学ぶか学ばないかにあるのだというのです。彼が教育、とりわけ普通教育に重点を置いて視察するのはそのことと関連しています。

この教育視察は文部省の『理事功程』という名の報告書として田中不二麻呂《たなかふじまろ》(麿)(一八四五～一九〇九)によって出されます。普通教育に着目してこの使節団が視察したということは、非常に重要な意味を持ちます。帰国後、それまでの教育制度の再検討がなされ、やがて明治十二年(一八七九)のいわゆる自由教育令なるものが出されます。しかし、これはその翌年の末に同じ使節団のメンバーでありました伊藤博文によってひっくり返されて、国家主義的な改正教育令に変わっていきます。そういう形になりますが、とにかく最初のアメリカで木戸はそんなことを感じているのです。

アメリカで使節団は自主独立、自主の民ということに非常に注目しているのです。だから、これは後の話になりますけれども、明治政府が自主の民、自由というふうなものを知らなかったわけではなくて、充分知っていて、いや知っているがゆえに、民権運動に対する弾圧政策に先手をとっているわけです。

イギリスに行きますと、日本と同じような島国のイギリスがなぜこのような大工業国家になり、大貿易国家になったのであろうか、ということを視察致します。イギリスはご承知のように産業革命発祥の地ですから、その産業革命に対する考察が報告書『特命全権大使米欧回覧実記』(以下、『実記』と略称)には出てまいります。

次にフランスに行きます。フランスのパリに行って、なるほどここがフランスか、やはりパリは文明の中枢である、ということを痛感します。ところが彼らが行った一年前に、パリではパリ・コミューン(一八七〇)が成立しますが、押さえ込まれます。このパリ・コミューンは当時のフランス大統領、ティエールによって弾圧されるわけですね。使節団はこのティエールを英傑としてほめたたえます。その時の砲弾の跡がまだ残っており、あのシャンゼリゼの凱旋門は修復中だったのです。報告書『実記』にはどう書かれているかというと、「西洋は風俗美なりといえども」とまず言います。つまり西洋は大変立派だといううふうに言われているけれども、しかし中等以下の人民は荒々しくて、手が付けられないぞというのです。言葉を換えて言うならば、階級矛盾というものをこのフランスのパリ・コミューンの跡にみてとっているということが言えるかと思います。

そして、ロシアにも参ります。現在のサンクト・ペテルブルク、この間までのレニングラードです。ロシアは大国で大変力の強い恐ろしい国だという先入観を一行は持っていたのですけれども、行ってみると貴族専制の国家である。こんな貴族専制の国家で大国としての力が発揮できるだろうか、というふうな疑問を持ちまして、先入観で見てはいけない、やはり冷めた目で歴史を見るということの必要性を『実記』に書いたりしています。

ドイツに参ります。ドイツはご承知のように、ビスマルクがプロシアを中心として一八七一年、つまり明治四年の日本の廃藩置県（日本が統一国家に一応なる）の年ですけれども、ドイツ帝国が成立いたします。そのドイツ帝国の中心人物ビスマルクの歓迎レセプションに使節団の首脳は列席しまして、ビスマルクの大演説を聞くわけです。ビスマルクは彼がユンカーの子、貴族地主の子として生まれ、いばらの道を踏みながら自分が鉄血宰相と言われるようなドイツ帝国の中心になるまでを、プロシアを中心としたドイツ帝国の統一国家への道と重ね合わせながら話をします。そして、国際間には万国公法、つまり今で言うならば国際法ないし国際公法ですけれども、そういうものがあって律しているのだ、という。ところが、この国際法としての万国公法を、大国は自分の都合のいい時には守るけれども、都合が悪くなると力でもってそれを左右する。この力というのはいったい何か。モルトケはそれを軍事力であると指摘するわけです。

そして、この力としての軍事力によって、ヨーロッパの平和を守るのだというふうなことを述べたりしています。つまり、これはあきらかに大国主義的発想ですね。もちろん万国公法については幕末以来の経験で、岩倉にしろ、木戸にしろ、大久保にしろ、ある程度は知っていたわけですが、ビスマルクから直接その話を聞き、「玩味スベキ言ト謂《いい》ツベシ」と報告書には述べています。その時、木戸孝允はビスマルクの横に座ります。ビスマルクは木戸に向かって言いました。「もし必要ならばあなたの国に力を貸してよろしい」と。その時木戸は、

「いや、待ってほしい、我々は今出発したばかりだ。自分の力でやってみる」というようなことを述べているのです。これは木戸の日記に書いてあります。そこには木戸のドイツ帝国、ビスマルクらに対して主体を維持しようという心構えが窺《うかが》われます。

これまで申しました国は、当時の大国といわれるような国です。その大国に対して当時小国といわれたのはどういう国々があったかと言いますと、ベルギー、オランダ、デンマークあるいはスイスなどです。この小国につきまして随分と強い関心を持って、使節団は丹念に視察しています。『米欧回覧実記』という報告書は全部で百巻なのですけれども、この巻数をどういうふうにそれぞれの国に割り当てているかということは、当時の日本の関心度と比例しているとみていいかと思います。百巻のうち、アメリカに二十巻、イギリスに二十巻、これは別格です。ドイツには十巻、フランスには九巻が充てられ、ロシアは五巻、イタリアが六巻となっています。では、小国のほうはどうかというと、スイス、オランダ、ベルギーの各々に三巻です。これだけで九巻になります。そしてデンマークに一巻、ザクセンも小国になっていますが、これは一巻の一部です。そこで小国を全部合わせますと十巻強充てられているのです。十巻強といいますと、ドイツよりちょっと多いわけですね。フランスよりも多い。もしスウェーデンを小国の中に入れますと十二巻強になります。少なくともドイツやフランスよりも、はるかに小国に対しての方が関心は深かったといってよいかと思います。

『実記』にはその大国と小国について、「国民自主ノ生理ニ於テハ、大モ畏ルニ足ラズ、小モ侮ルベカラズ」と述べております。小国といって軽んじてはいけないということを、自覚しているわけですね。もちろん、そのとき日本が小国であるということを自覚しているわけですが、「国民自主ノ生理」、つまり国民の自主の基本というものを踏まえて言うならば、大国といっても畏れてはいけないし、小国といっても侮ってはいけない、と明言しているわけです。

特にスイスについては、スイスがなぜ小国であるにもかかわらず、中立、独立を保ち得ているのか、それは三つの条件を備えているからだ、というのです。その三つの条件とは何かというと、第一は自国の権利を達すること、すなわち自分の国の権利を堂々と主張するということです。第二番目には他国の権利を妨げず、といっています。他国の権利を妨げるようなことはしてはいけない。三番目は他国の妨げを防ぐ、ことです。要するに、自国の権利を堂々と主張すること、他の国の権利を邪魔してはいけない、他国から邪魔されないようにしなければいけない、この三つである。この三つの条件でスイスは独立、中立を保ち得ているのだ、と。そのためには、内に教育を充実し、愛国心を国民に植えつけて、スイスの場合は民兵ですけれども、他の侵略を受けないような気概をもって国家を守る、というふうに述べているのです。同じようなことは、ベルギーやオランダのところでもいっています。

では、アジアについてはどうか。帰り道に使節団は東南アジアを通り、そこについて述べています。使節団はアメリカやヨーロッパを回って文明とはなにか、と考えます。そして、文明とは自主の精神で努力して作りあげるものだということを知ります。この観点から、アジア特に東南アジアをみると、衣食住においてはほとんど努力がいらない。つまり、東南アジアでは着るものも、食べ物も、あるいは住についてもさほど努力する必要はない。こういうところには文明は育たないのだ、と感じ、「沃土の民は惰なり」と中国の古典の言葉を引用しているのです。東南アジアに対するこうした見方は、その後の日本の東南アジア観の原形になっていると思われます。

それはともかくといたしまして、今述べました岩倉使節団が明治の新しい国家をどういうふうに作り上げていこうかという選択肢を求めての米欧回覧で、ごく単純化して言うならば、大国主義への道ともう一つは小国主義への道が二つあると、選択肢を提出しているのです。しかし、使節団はそのどちらを選ぶかという結論めいたことは述べておりません。

これは、その後の木戸や大久保ら、そして岩倉や伊藤らが選んで決めていくわけですけれども、明治十年(一八七七)に木戸孝允は病気で亡くなります。翌十一年に大久保利通は暗殺されます。この木戸、大久保は帰国してすぐ憲法に関する意見書を出しています。青木周蔵《あおきしゅうぞう》(一八四四〜一九一四)は当時プロシアに留学していましたが、彼は木戸の子分でしたので、彼が木戸意見書の原稿を書くのです。そこではプロシアを下敷きにしています。ところが、大久保が目指した国家は実はイギリスなのです。イギリスの君主国が大久保の念頭にはありました。目指すのは君民共治、つまり君主と国民とが一緒になって作る国というわけです。これは木戸も同じようなことを言っている。ところが大久保は、しかし、今の日本の人民の状況を見てみると、人民の成長は必ずしも熟してはいない。とするならば、まず、天皇が下す上から憲法を作らなければならない、と考える。木戸孝允は日記に、「建国の大法はディスポティックにこれなくては」ということを言っているのですが、この建国の大法云々は、憲法を作る時に人民が未成熟な段階では手続きとして独裁的な形、つまり上から天皇が与えるというふうな形で憲法を作らなければならない、ということを言っていると思います。もちろん、そうした作り方は内容をも規定することは事実です。自由民権運動は、あの征韓論の分裂によって始まるとされていますけれども、最初は板垣退助《いたがきたいすけ》(一八三七〜一九一九)だとか後藤象二郎《ごとうしょうじろう》(一八三八〜九七)だとか、かつて政府にいた連中との関係ですから、まださほど対立が深まっていないのですが、明治の十年前後からは民権運動が豪農商層へと広がっていき、その段階から政府との対立がはっきりして参ります。

実は、使節団と一緒に多くの留学生が同行するのですが、そのなかの一人に中江兆民《なかえちょうみん》(一八四七〜一九〇一)がおります。中江兆民はパリとリヨンで勉強して、東洋のルソーと言われる人物です。この兆民も帰国してから明治十年頃までは明治政府の中にいるのです。しかしその段階で政府から外へ出てまいりまして、民権陣営の理論的な指導者になっていきます。

この自由民権運動と明治政府の対立が決定的になりますのが、明治十四年の政変です。この政変でご承知のように開拓使の官有物払い下げが中止され、大隈重信《おおくましげのぶ》が閣内から追放される。もう一つは十年後に国会を開くという約束をするわけですね。この十年後に国会を開くというのは明治政府の極めて政略的な意図が隠されているのです。十年後に国会を開くといえば、民権運動はほぼ収まるであろう。しかしなお鎮まらない連中こそが反対派の中心で、彼らが政府の本当の敵だ、これを叩き潰せばいいというのです。こういうふうに考えていたわけですから、この十四年の政変で民権運動側と明治政府は決定的に対立したのです。明治十四年の政変の勅諭で、明治政府は民権運動に対して宣戦布告をしたというふうに捉えていいかと思います。

すでに木戸は亡くなり、大久保も没している。主導権は岩倉、伊藤が握っているわけです。そこで、伊藤は政変後、真っ直ぐにドイツに向かって行き、憲法制定の準備をするのです。そして、いろいろな人々から憲法学を学んで、日本を天皇を中心とした国家をつくるということで自信を深めて帰ってくる。彼が香港まで帰ってきた時に岩倉が数え年五十九歳で亡くなります。そこで主導権は完全に伊藤博文の手に握られます。帰国後、伊藤は、いわゆる明治憲法、大日本帝国憲法をつくる準備を具体的に進めていきます。彼の懐刀、知恵袋として、井上毅《いのうえこわし》(一八四三〜九五)という人物がおりますけれども、それらの人達を中心として明治憲法の草案をつくる準備をする。華族制度をつくる、内閣制度をつくる、枢密院をつくる、あるいは地方制度その他の諸々の制度をつくっていきます。

そのとき自由民権運動は、小国主義的発想で国家をつくろうとめざします。これに対して明治政府の方は大国主義的方向へ進んでいく。民権派の植木枝盛《うえきえもり》(一八五七〜九二)の日本国々憲按は、東洋大日本国々憲按ともいわれておりますが、これを見てみますと、なるべく国は小さくして、日本を連邦国家にしようとしている。それは国は小さい方が直接民主制が成り立つというのです。そして、「万国共議政府」をつくれという。これは現在で言うならば国連のようなものと考えていただくのが良いかと思います。国連みたいなものをつくって、「宇内無上憲法」、つまり国連憲章というふうなものをつくって世界を治めていく。だから、小国はなるべく軍備を減らして、できることなら軍備も廃止するという方向に形をもっていく。小国主義憲法といってもよいのが、植木の日本国々憲按です。そういう憲法草案を民権派はめざすわけです。

一方、中江兆民は直接民権運動にはタッチしませんけれども、理論的に彼は民権運動の大きな支えになるわけですが、明らかに兆民も小国主義的発想で国のあり方を示している。

「顧ふに小国の自ら恃みてその独立を保つ所以の者は他策なし、信義を堅守して動かず、道義のある所は大国といへどもこれを畏れず、小国といへどもこれを侮らず。彼れもし不義の師を以て我れに加ふるあるか挙国焦土となるも戦ふべくして降るべからず」

というのです。これは先程の『実記』の「国民自主ノ生理ニ於テハ、大モ畏ルニ足ラズ、小モ侮ルベカラズ」と共通した発想だと思いますが、そういうことを「論外交」という論文の中で述べています。一言で言うならば、兆民の小国主義的発想は道義立国と言いますか、国際的な関係の中で道義・信義というものをお互いに持ち、かつ守ることによって国家を維持していく。そして、大国と言えども畏れず、小国といえども侮らず、もし不義の戦争を起こすならば挙国焦土となるとも戦う気概を持って決して降参してはならない、ということを言っているのですね。

さらに明治二十年(一八八七)に出した有名な『三酔人経綸問答』というものがあり、岩波文庫に入っておりま す。この中で、洋学紳士と言われる人物、それから豪傑君と言われる人物、それから南海先生という三人の鼎《てい》談《だん》という形で論がすすめられる。洋学紳士は小国主義的な発想で発言する。これに対して豪傑君は大国主義的な発想でこれに反論を加える。南海先生がその間を取り持ちながら、その理念と現実とをどういうふうにしたらいいかと苦慮する、という構成です。これは現在読み直してみても、多くの示唆を与えられる本ですので、ぜひ御覧になって頂きたいと思います。民権側は小国主義的発想で憲法をつくろうとするのです。ところが政府はしだいに大国主義的な傾斜を示し、これが明治二十二年(一八八九)二月十一日、当時の紀元節に出された明治憲法、すなわち大日本帝国憲法になっていくわけです。

そして翌年に議会が作られます。この順序は非常に大事なわけですね。つまり君民同治、君民共治というのは、議会をつくって協議しなければ君民同治にならないのです。が、にもかかわらず、あえて先に憲法を作って、その翌年に国会を開く。本来ならば、議会を開いて憲法を作るというすじ道とは逆です。先に憲法をつくってこれを上から与えるという形で大日本帝国憲法はつくられる。そこに大日本帝国憲法の基本的性格が現れているわけで、それを象徴するのが、大日本帝国憲法第一条の「大日本帝国ハ万世一系ノ天皇之ヲ統治ス」、第三条の「天皇ハ神聖ニシテ侵スヘカラス」ということになります。臣民の権利、義務という章もありますけれども、これは国民ではなくて、臣民なのです。天皇に対する臣であり、天皇の民としての権利、義務なのです。そして、権利よりも義務の方にむしろ重きがおかれているわけですが、ここではそこには深入りいたしません。

翌年帝国議会が開かれ、第一回の帝国議会で、首相・山県有朋《やまがたありとも》（一八三八〜一九二二）は日本の今後の方向について、「主権線」と「利益線」というものがあるのだということを論じまして、「主権線」はこれは断固として守るといいます。しかし、「利益線」を確保しなければ「主権線」は守ることはできない。で、この「利益線」というのは具体的には朝鮮を指すわけです。こういうことを首相がはっきりいうわけですから、この線上で日本の大国主義的方向は明確になっていくのです。

この方向で数年後、つまり明治二十七・八年（一八九四・五）には日清戦争がひき起こされます。以後、日本は、十年ごとに戦争をやっているわけですね。しかし、日本が戦争で儲《もう》かったのは日清戦争だけです。日清戦争は戦費よりもはるかに大きい賠償金を得ておりますから、これは儲かった戦争です。日露戦争も勝ったではないかとおっしゃるかもしれませんが、あれは日本が負けなかっただけで、ロシアのほうが戦力はまだ保持していました。日本は戦争への道を突き進んで参ります。では、民権運動の側の大国主義に対抗した小国主義的発想は、どこかへ消えて行ったのか、というと必ずしもそうではありません。私はこれに伏流化し、いわば地下水脈として流れ、時々頭をもたげる、とみる。

たとえば、『平民新聞』には「小日本なる哉」というような論文が載せられまして、ここで小国主義的な発想が主張されております。あるいは内村鑑三《うちむらかんぞう》（一八六一～一九三〇）は、デンマークに関心を持ちまして、それをひとつの理想の国家というふうに考えています。つまり、初期の社会主義的思想やキリスト教、クリスチャンの中には小国主義があって、それが頭をもたげるような形で主張される。

それがはっきりとした主張として出てきますのは、次の大正デモクラシーの時期です。三浦銕太郎《みうらてつたろう》（一八七四～一九七二）は、『東洋経済新報』を中心として「小日本主義」というものを主張します。この「小日本主義」は大正デモクラシー期における、小国主義的発想のあらわれと捉えていいかと思います。三浦によりますと「大日本主義」と「小日本主義」のうち、明治からこのかた「大日本主義」が跋扈《ばっこ》して、「小日本主義」を押さえ込んでいるのだ、といいます。では、「大日本主義」と「小日本主義」というのはどう違うのか。『東洋経済新報』での主張ですから、経済的な分析の上にいろいろなことを言っているわけですが、単純化して言うならば、「大日本主義」というのは、軍国主義的であり、専制主義的であり、国家主義的であるのだ、と。それに対する「小日本主義」というのは、産業主義的であり、自由主義的であり、個人主義的なのだというのです。この「小日本主義」こそがこれから大事なのだ。だから、満州に権益を広げようとしているけれども、そんなものは放棄しなさいと主張するのです。それを推し進めてさらに財政的な分析の上に、「小日本主義」を主張したのが同じ『東洋経済新報』の石橋湛山《いしばしたんざん》なのです。

湛山は戦後一時総理大臣になりまして、すぐ病気になりますから総理大臣を辞めますけれども、この湛山は、三浦銕太郎の主張を受けまして、当時日本が持っていた植民地を一切捨てるべきだということを主張します。これが大正十年(一九二一)、「一切を棄つるの覚悟」あるいは「大日本主義の幻想」という論文になります。この「小日本主義」は、先程言いましたように、財政分析をきちんとやった上での主張ですから、単なる空理空論で言っているのではないのです。湛山に言わせますと、そもそも戦争が起こるのは、植民地を持っているからだ。その植民地の所から火がつくのだ、というのです。植民地というのは一種の燃え草のようなもので、そこに火が付くとそこから戦争が広がっていく。だから植民地を一切放棄しろ、というわけです。当時の日本は日清戦争の結果、台湾を持ち、日露戦争の結果、樺太、今のサハリンの北緯五十度以南その他を植民地として持ち、そして満州へ権益を広げようとしていたわけです。さらに、第一次世界大戦の時には中国の山東省あたりまで権益をもとうとしていたのです。そういう日本の植民主義的なものを一切放棄しろ、と主張したのです。

大正十年という時期に、こういうことを堂々と『東洋経済新報』で主張するというのは、なかなか勇気のいることでして、あえてそういう主張を湛山はしているのです。ですから、小国主義、民権運動の側から提議されたところの小国主義は、日清・日露戦争で地下水のように伏流化しますけれども、それが大正デモクラシー期には「小日本主義」という形で主張される。

ところが、ご承知のように大正十五年、つまり昭和元年（一九二六）になるわけですが、昭和は中国の山東への出兵で幕を開けます。この昭和は、司馬遼太郎《しばりょうたろう》（一九二三〜九六）さんの言葉で言うならば、日本は「魔法の森」のなかに迷い込んでしまったということになります。つまり軍部（参謀本部）を中心として、戦争への道を突き進んでいく。これが、満州事変になり、日中戦争になり、アジア太平洋戦争、当時の大東亜戦争になっていく。こうなってくると「小日本主義」のような小国主義はまたしても押え込まれていくわけです。

日本の超国家主義、軍国主義のなかで、昭和の前半といいますか、昭和二十年八月までは、現在からは考えられないようないろいろなことが戦争という名のもとで行なわれていくのです。我々の同世代か、ちょっと上の人々は、ご承知のように爆弾を抱えて、片道の燃料しかない飛行機でアメリカの軍艦に突っ込むというようなことが強行される。アジア太平洋戦争のそういうビデオを学生に見せても、あんまりピンとこないようですけれども、我々の世代には、あの飛行機の中に同じ世代の若者が乗っていたのだと思いますと、胸を締めつけられるわけですね。とにかく、そういうふうな形で沖縄戦があり、大空襲があり、敗戦を迎えるということになります。

一九四五年の八月十五日、いわゆる玉音放送をもって戦争は終わりますが、この敗戦の年の十二月二十六日に発表された民間の憲法草案があります。

それは何かと申しますと、憲法研究会の草案なのです。この憲法研究会というのは高野岩三郎《たかのいわさぶろう》(明治の労働運動の先駆者であった高野房太郎《たかのふさたろう》の弟で、もと東大教授)を中心として保守派の人も加わっているのですが、当時としてはどちらかというと進歩的なグループを中心として、憲法研究会を作りまして、日本の憲法をどうしたらいいのか研究し論議するのです。そのメンバーの一人に鈴木安蔵《すずきやすぞう》がおります。鈴木安蔵は戦前から植木枝盛の憲法草案(民権派の私擬憲法)を研究していた人です。

そして、この憲法研究会は、戦後における新しい憲法草案を作るにあたって、主として明治の十年代の植木枝盛にみられる小国主義的発想による憲法草案を参考にして作るわけです。それは中江兆民の小国主義にも通じています。憲法研究会の草案をみてみますと、植木の小国主義憲法をそのままとったようなところもあるわけです。もちろん、その当時のヨーロッパにおけるスイスやその他の憲法も参考にしております。この憲法草案は、国民に主権があるということを明確に謳《うた》い、さらに国民の権利・義務のところには「国民ハ法律ノ前ニ平等ニシテ出生又ハ身分ニ基ク一切ノ差別ハ之ヲ廃止ス」というようなことをいい、「国民ノ言論学術芸術宗教ノ自由ヲ妨ケル如何ナル法令ヲモ発布スルヲ得ス」ということも言っています。植木憲法草案の中にあった、政府が国民の意志に反した時には転覆させてよろしい、というような一条も最初の草案にはあるのです。これはこのメンバーの中の一人の人がそれはきつすぎるのではないかといって反対したので、最終的には削除されます。というのはこの憲法研究会は自由に発言させて、一人でも反対があったら、それは削除するという約束のもとにつくられていったのです。ですから「政府憲法ニ背キ国民ノ自由ヲ抑圧シ権利ヲ毀損《きそん》スルトキハ国民之ヲ変更スルコトヲ得」――これは植木の憲法草案にちゃんとあるのですけれども、このときには削除の記号がつけられていています。

さらにまた、「国民ハ健康ニシテ文化的水準ノ生活ヲ営ム権利ヲ有ス」というような日本国憲法の中にある文言のようなものすらこの中にはある。この憲法研究会案（憲法草案要綱）は十二月二十六日に発表されましたが、新聞に載るのが翌々日の二十八日なんです。これは検閲と関係があるだろうと言われています。高野岩三郎はまた私案として、共和国憲法案も作っております。現在、東京の三多摩にあります法政大学の図書館（大原研究所）にそれは保存されています。一昨年（一九九八年）、私はそこに行きまして、秋でしたけれども外の紅葉を眺めながら、この高野岩三郎のつくった共和国憲法――これは活字にもなっているのですが――、の現物を手にいたしまして、自分で写してみますと、あらためてそこに出てくる文言から民権運動の歴史の発想の中でこれがつくられたということを読みとることができました。

ですから、憲法研究会の草案、つまり「憲法草案要綱」は、明治十年代の民権運動の憲法草案の流れをひいた草案なのです。これが発表されますと、誰が一番注目したかというと、ＧＨＱなのです。ＧＨＱはすぐこれを翻訳いたします。ＧＨＱは新しい民主主義の憲法を作れと日本政府に示唆するのですが、日本側はそれが理解できない。松本烝治《まつもとじょうじ》（一八七七～一九五四）委員長を始めとする委員会が憲法草案をつくり、一九四六年二月十三日、その憲法草案をGHQ側に出しますが受け入れられない。それはあまりに非民主主義的な憲法案だったからです。これがいわゆる「押しつけ憲法」の発端なのです。

なぜ、GHQ側が拒否したかというと、その時の日本案は、先ほどの大日本帝国憲法にありました第三条の「天皇ハ神聖ニシテ侵スヘカラス」の条項の「神聖」という字を「至尊」という文字に替えて、「天皇ハ至尊ニシテ侵スヘカラス」というふうに、文言をちょっと変えた程度の憲法草案をGHQに提出したからです。だから、GHQはこれを拒否します。それならばということで、GHQはご承知のようにマッカーサー（一八八〇～一九六四）草案を作るわけですね。このマッカーサー草案を作る時に先程の憲法研究会の「憲法草案要綱」を最大限に活用するわけです。松本委員会の日本側の案の中にはこうした民間の案はまったく眼中にはいっていなかったわけです。むしろGHQの方がそれに着目して、文言もそのまま使ったようなところがあります。

その松本烝治委員長とGHQのやりとりで、これは一九四六年（昭和二十一）二月二十二日のことですけれども、松本烝治委員長はGHQ草案が出された時、聞くのです。「この全条文のうち、あなたがたは何条と何条は絶対になければいけないとお思いですか」と。その時にGHQ側はホイットニーとラウエルなのですけれども、「これは全体が必要なのです。全体が民主的な基本的発想で書かれております。相互に関連しているのです。ですからこの一条を削り、この一章は削るというようなものではありません」といいます。見事な拒否といえるでしょう。つまり、GHQ側はポツダム宣言に、日本国民の間における民主主義的な傾向の復活強化という言葉がありますけれども、その民主主義的な方向の復活強化をめざしていたのです。日本には民主主義の発想がもともとあったのだということを知っていたわけです。けれども、そういうことは日本側は全く意識していなかった。だから、何条と何条が必要なのですか、というような形で問う。ＧＨＱ側は、そうではなくて民主主義には全体として必要なのだ、というわけです。このやりとりが、その後のいわゆる「押しつけ憲法」論ということになっているわけですね。

そして今、ご承知のように今年(二〇〇〇年)は、憲法調査会が国会の中に作られる。そして数年間かけてこの議論をやろうと言っているわけです。押しつけ憲法論の立場から言えば、日本国憲法というのはＧＨＱ案が原案だから、それを自主的憲法にしろ、それを変えなければならない、ということになります。そうすると、この押しつけ憲法といわれる日本国憲法のなかには男女平等論もありますし、現在の国会や政党の問題もその中にちゃんとある。そういうものを一切拒否するのか。あるいは基本的人権というのは必要ないから、それを変えてしまえというのか。あるいは国民は健康にして文化的な云々というふうな条文もあるがそれも拒否するのか。まさか、そんなことを拒否するとは言えないでしょう。とするならば、どこを押しつけ憲法として拒否するのかといえば、やはり第九条や国際信義をめぐる前文の問題になってくる。この第九条や前文は小国主義的な発想の一つの核です。日本国憲法というのは先程も述べましたように、民権派の明治十年代の憲法草案の小国主義が伏流化して、時に時代に抗して頭をもたげ、また押え込まれてきたのだけれども、敗戦直後の民間の小国主義の流れを汲む憲法草案が、ＧＨＱのマッカーサー草案という回路を通って日本国憲法の中に結実した。それを、改憲によって大国主義的な方向にもっていこうということにならざるを得ない。それがいよいよ現実の問題になってくるということです。多分、二〇〇五年あるいは二〇一〇年あたりになってくると、この問題は具体的な憲法改正の形になる可能性があるわけです。

そうだとするならば、ここで申しあげた歴史的水脈としての小国主義は、重要な意味をもってきます。なぜなら、小国主義は岩倉使節団が明治初年に選択肢として提出したものの一つでした。しかし、明治政府はもう一つの大国主義の方向をとりました。これに対して明治十年代の民権派は小国主義の方をとろうとした。しかし、これは大国主義によって押え込まれてきた。押え込まれたけれども、根強くそれは地下水脈として流れ、時に頭をもたげながら、一九四五年の八月十五日に至った。日本は敗戦の結果、すべての植民地を放棄して、客観的には石橋湛山のいったような植民地を持たない国になったわけですね。

日本国憲法の第九条では戦力と戦争を放棄しました。これまで述べてきた小国主義的な発想がいまの日本国憲法であることはすでにおわかりかと思います。それをこれからどうするのか。大国主義的な方向にふたたびもっていくのか、あるいは日本国憲法に結実した歴史的水脈としての小国主義を、よりきちんとして日本国民のものにしていくのか。それがこれからの五年、十年の間に現実に問われてくると思います。ＧＨＱの押しつけだというふうに改憲論者は申しますけれども、そうではなくて、それは明治からの民衆側の歴史的水脈としての小国主義であった、ということを改めて認識して欲しいのです。

誤解のないように申し上げておきますけれども、日本国憲法の改憲に反対するという結論が先にあって、私はこういう歴史的な論理を見出したのではないのです。私の専門は明治維新であります。岩倉使節団の研究はここ二十年余りやっておりますけれども、その中で小国主義に関する日本人の関心が伏流化しながらこんなに強くあったのか、ということを知って実はショックを受けたのです。これまでの近代史研究では、日本が明治初年に小国主義的な発想があって、深い関心を持って、スイスやオランダやベルギーやデンマークなどヨーロッパの小国の国々を回って丹念に考察してみていたということを誰も気が付かなかった。この小国主義の発想は、その後いったいどういうふうになったのだろうか。それが私のこの問題の出発点であったわけです。そして、それを追いかけていくと、これまで申しましたような形で押え込まれて、歴史的な地下水脈となったけれども、それが具体的に表面化するのが、一九四五年の敗戦後の十二月下旬の憲法研究会の草案になったわけです。それをGHQがいちはやく着目して二種類の翻訳を作るのですけれども、翻訳して自分の方へ取り込む。そして比較すれば一目瞭然ですけれども、成文もそのままのようなところがあり、現在の日本国憲法になっている。

とすると、本当に押しつけ憲法論で片づけていいのだろうか、と考えまして、申しあげてきたわけです。もう少し時間があったら沖縄問題までやろうと思ったのですけれども、約束の時間がきたようですから、この辺で止めますけれども、この小国主義的な発想は、沖縄の今の痛みを自分達の問題として共有する、そのことがまさに小国主義的な発想に通ずると思うのです。日本の七十五％の基地を沖縄に押しつけて何の痛みも感じないような発想では、小国主義的発想はとても身につくものではないだろう、というふうに思います。

沖縄は、沖縄戦であれだけ犠牲を払い、そしてサンフランシスコ平和条約の時には、沖縄を担保にすることによって日本は独立したのです。そしてその後二十七年間の占領状態が続きました。また、その後返還されても、そのまま二十七年間過ぎ、今日では普天間の基地移転問題が論議されています。基地を移転して縮小するということが大原則であったわけですが、果たして現状では移転して縮小になりますか、ならないでしょう。

現在、世界で一番大国主義的なのはアメリカでしょう。そのアメリカの大国主義の意をそのままに受けて、沖縄に対して日本政府が大国主義的な発想を沖縄に持ち込もうとしているのではないか。果たしてそれでいいのか。こういうことを考えてみなければなりません。

これまで申しました小国主義をめぐっての観点から、どうぞ、みなさん一人ひとりが、二十一世紀の日本はどうあるべきかということを真剣に考えていただければ有り難いと思います。

〈参考〉田中彰著『小国主義』（岩波新書、一九九九年）

第二部

維新と長州と近代日本と

末松謙澄の明治維新
――『防長回天史』故アリ

明治維新のとらえ方

明治維新というものを、どのようにとらえるか。それは、明治維新を、いつからいつまでとみるか、ということから考えると、わかりやすいと思います。明治以降から昭和の始めまでは、黒船来航（一八五三・嘉永六年）という〝外〟からの偶然的要因によって、明治維新が始まった、というのが定説となっておりました。

しかし、昭和の始めに明治維新の変革というものが、黒船来航という〝外〟からの偶然だけで起こるだろうか、内側に基本的な原因があったのではないだろうか、という問題が出てきて、論争が起こりました。

明治維新の変革は、黒船来航からではなく、それより前の天保期（一八三〇～四四〈十二月、弘化に改元〉）に、変革の内的要因があったのだ、という考え方が出されてきたわけです。

この考え方は、昭和の始めから太平洋戦争を挟んで、戦後の一九六〇年代ごろまで続きます。

ところが、一九六〇年ごろから、あらためて内側からの要因だけで、あれだけの大変革が出来るだろうか、という考え方が出されました。そして現在では、明治維新は「開国」からという見方になっております。「なんだ、『黒船来航』と『開国』は同じではないか」と、いうふうに思われるかもしれませんが、現在の「開国」からというのは、内側からの要因と、外側から、つまり世界史の要因と重なり合う、そこで明治維新が始まったのだというとらえ方になります。

シンボリックに言いますと、「黒船来航」から「天保期」、そして「開国」へという明治維新の始まりのとらえ方の移り変わりは、「黒船来航」と「開国」の時期は重なりますが、外側からの偶然性から内側からの必然性へ、さらに外と内との要因を重ね合わせるという、方法としての考え方の違いがあったわけです。そこには明治維新に関する厳しい論争（日本資本主義論争）があり、それが続いた結果です。

それでは、明治維新の終わりはいつか。これもいろいろとあります。明治四年（一八七一）の廃藩置県で終わりだという考え方、明治五年（一八七二）から明治六年（一八七三）にかけての徴兵令・学制・地租改正などの布告の頃まで、あるいは、明治十年（一八七七）の西南戦争前後で西郷隆盛《さいごうたかもり》（一八二七〜七七）・木戸孝允《きどたかよし》（一八三三〜七七）・大《おお》久保利通《くぼとしみち》（一八三〇〜七八）という「維新の三傑」が死んだころにおくか（士族反乱の終焉）、明治十二年（一八七九）の琉球藩廃止・沖縄県設置か、明治十四年、あるいは明治十七年という時期まで、そして、明治二十二年（一八八九）の大日本帝国憲法公布、明治二十三年（一八九〇）の教育勅語発布、さらには、明治二十七年（一八九四）の日清戦争と、その戦後処理を含めての時期までなどと、明治維新の終わりの方は相当幅があります。

私は、黒船来航から明治十二年の琉球処分までを、いちおう明治維新の範囲ととらえております。自由民権運動の問題までも含めますと、最大限明治三十二、三年（一九〇〇）前後までをも、視野に入れて考えるべきだ、と思ったりしております。

では、『防長回天史』は、明治維新を、どのように、とらえているかといいますと、冒頭に天保期について述べており、本論では黒船来航から叙述しております。

『防長回天史』が、天保期から述べているということは、瀬戸内一帯を席巻しました防長大一揆が天保二年ですから、長州に視点をおいてみる場合は、天保期から始めるということは充分に意味のあることです。

こういうふうな明治維新の全体のとらえ方の中で『防長回天史』の問題に焦点を合わせて話を進めたいと思います。

まず、初めに末松謙澄《すえまつけんちょう》（一八五五〜一九二〇）の経歴についてみていただきましょう。彼がどうして『防長回天史』の編集・執筆に携わるようになったか、という事情がよくわかると思います。

末松謙澄の経歴はつぎの通りです。

安政二年(一八五五)八月二十日、豊前国京都《みやこ》郡前田村(現福岡県行橋市)に生まれる。幼名は線松(千松)、通称は謙一郎、のち謙澄。号は青萍《せいひょう》。

慶応元年(一八六五)八月、父の友人村上仏山の私塾水哉塾《すいさい》に入り、漢学・詩文等を学ぶ。

慶応二年(一八六六)、第二次征長戦で小倉藩は長州軍に敗れ、折からの一揆で大庄屋末松家も攻撃され全焼、一家離散。謙澄は仏山に引き取られる。

明治四年(一八七一)、上京(十七歳)。大槻磐渓《おおつきばんけい》(一八〇一~七八)の塾に入る。近藤真琴にも就く。

明治五年(一八七二)、東京師範学校に入学を許可されたが退学。高橋是清《たかはしこれきよ》(一八五四~一九三六)と相知り、翌年にかけてお雇い外国人フルベッキ(一八三〇~九八)の家に届く外国新聞を翻訳して新聞社に売り込む。

明治七年(一八七四)、東京日日新聞社に入社。笹波萍二《ささなみひょうじ》のペンネームで健筆をふるい、社長福地源一郎《ふくちげんいちろう》(桜痴。一八四一~一九〇六)の知遇を受ける。この福地により参議・工部卿伊藤博文《いとうひろぶみ》(一八四一~一九〇九)に紹介される。

明治八年(一八七五)十二月、伊藤の引きで正院御用掛へ出仕。特命全権弁理大使黒田清隆《くろだきよたか》(一八四〇~一九〇〇)に随行、朝鮮で日朝修好条規の起章に加わる。

明治九年(一八七六)四月、工部権少丞、七月、法制局勤務(四等法制官)。

明治十年(一八七七)一月、太政官権少書記官。六月、山県有朋《やまがたありとも》(一八三八~一九二二)の引抜きで兼補陸軍省七等出仕、征討総督本営付となる。西郷隆盛に降伏をすすめた山県の一文は彼の草になる。

明治十一年(一八七八)二月、渡英(英国公使館付一等書記官見習)、英・仏の歴史編纂の方法の調査に当る。

明治十二年(一八七九)、この頃ケンブリッジ大学入学。英文で『成吉斯汗《ジンギスカン》』を書き、源義経《みなもとのよしつね》=ジンギスカン論を展開。このケンブリッジ大学入学でバチュラー・オブ・アーツ(文学士)およびマスター・オブ・ロー(法学修士)を取得。『明治鉄壁集』(明治十二年)、英訳『源氏物語』(明治十五年)、『支那古文学略史』(明治十五年)、『希臘《ギリシヤ》古代理学一斑』(明治十六年)等刊。

明治十九年(一八八六)、帰国。四月、内務省参事官。八月、演劇改良会を発足させる。この年、『演劇改良意見』、『日本文章論』等刊。

明治二十年(一八八七)三月、内務省県治局長。

明治二十一年(一八八八)六月、文学博士の学位を取得。翻訳小説『谷間の姫百合』(明治二十〜二十三年)刊。

明治二十二年(一八八九)四月、伊藤博文の次女生子と結婚。数え年三十五歳。

明治二十三年(一八九〇)七月、第一回衆議院選挙に当選(福岡県第八区)。

明治二十五年(一八九二)二月、第二回衆議院選挙で再選。九月、第二次伊藤内閣の法制局長官に就任。

明治二十六年(一八九三)、内閣恩給局長を兼任。

明治二十七年(一八九四)三月、衆議院議員に三選。八月、渡韓。

明治二十八年(一八九五)二月、再渡韓。十月、男爵となる。

明治二十九年(一八九六)六月、貴族院議員に勅選。

明治三十年(一八九七)一月、毛利家歴史編輯所総裁を委嘱される。四十三歳。『国歌新論』刊。

明治三十一年(一八九八)、第三次伊藤内閣の通信大臣に就任。

明治三十三年(一九〇〇)九月、立憲政友会結成に参画。十月、第四次伊藤内閣の内務大臣に就任。

明治三十七〜三十八年(一九〇四〜五)、渡英して滞在。英国の輿論を日本に向けることに尽力。

明治三十九年(一九〇六)二月、帰国。枢密顧問官となる。『夏の夢日本の面影』刊。

明治四十年(一九〇七)、子爵、学士院会員となる。日本留学中の韓国皇太子の養育掛になる。

明治四十四年(一九一一)、この年より『防長回天史』を刊。

大正七年(一九一八)、法学博士の学位を取得。六十二歳。『文学上美学上三教思想研究』刊。

大正九年(一九二〇)八月、『防長回天史』完結。十月五日、没。六十六歳。


この末松謙澄の経歴の中から、『防長回天史』の編纂に彼がかかわるようになる大前提について、かいつまんでお話してみますと、

一、謙澄が、福地桜痴の紹介で伊藤博文を知り、彼の能力を見抜いた伊藤博文の女婿になったこと。

二、謙澄は、イギリスに留学しますが、ケンブリッジ大学でゼルフィーという人に歴史学を学びます。ゼル

フィーは、ハンガリー生まれですが、一八四八年の革命の失敗でイギリスに亡命、歴史や美術に造詣が深かった人です。

このゼルフィーに歴史学を学ぶことによって、謙澄は、日本人の歴史叙述の欠陥に気がつきます。それまでの日本人の歴史学は、たんなる事実の羅列にしかすぎなかった。歴史の因果関係、つまり、こういう原因があったから、こうした結果が生まれた、という因果関係を含めて、歴史は叙述されるべきであるということを学んだわけです。

これを『史学』（The Science of History）という本に纏《まと》めますが、この『史学』は、日本の近代歴史学に大きな影響をおよぼします。

西洋歴史学の方法を、日本の歴史学の中にいち早く取り入れた人物ということになります。

こういう歴史学の方法論を学んでおりましたから、伊藤博文から、『防長回天史』の編纂を、やってみないかと言われたときに、彼は自分の方法の実験をやってみようとして、これを引き受けたと考えてもよいかと思います。

三、謙澄が、幕末の第二次征長戦の時、長州に敵対した小倉藩の出身であったということは、重要な意味をもっています。

彼も、そのことは、意識しており、「防長回天史総緒言」のなかで「予ハ防長人士ニ非ラズト雖トモ、二州ノ事蹟ハ優ニ史家ノ心血ヲ灑クニ足ル所アルヲ以テ、予ハ其委嘱ヲ快諾シテ、又毛利家及ビ二州ノ先輩諸公ガ防長人ニ非ラザル予ニ、此事情ヲ一任シタルノ虚心坦懐ヲ欣感スル者ナリ」と書いております。『防長回天史』の編纂に、長州出身以外の人を参加させたというところには、彼が「防長人に非ざる」という彼の発想があったというふうにみてよいわけです。

毛利家の明治維新史の歴史編纂について

明治二年(一八六九)、明治政府によって修史編纂の詔勅が出されます。この明治二年の詔勅以来、明治政府は、歴史編纂をいろいろな形でやるわけですが、明治九年(一八七六)になりますと、旧大名家に対して史料の提出を命じたりします。

明治二十年代(一八八七〜)に入りますと、宮内省を中心にいたしまして、いわゆる天皇の内帑金《ないどきん》という形で、毛利家・島津家・山内家・水戸徳川家に対して金を出し、それぞれの家が明治維新に果した役割についての史料の提出を求めております。

毛利家としても家史の編纂事業をやっておりますが、政府の要請に対しても史料を提出したりしています。毛利家の編纂事業は、明治二十二年から二十三年(一八八九〜九〇)にかけて、飛躍的に増大します。職制も定められ、中原邦平《なかはらくにへい》(一八五三〜一九二一)らの新メンバーも加わって、職員は約三十名に増えます。

財政面でも明治二十二年の編輯所総予算は五五一円八十銭であったのが、翌二十三年には、三、三九九円と六倍以上になり、画期的に増えております。

中原邦平については、『防長回天史』とも密接な関係がありますから、ちょっと触れておきます。

中原は、嘉永六年(一八五三)生まれで、漢学・陽明学を修め、東京に出てロシア語を学び、陸軍参謀本部で翻訳に従事したのち、毛利家編輯所に入ります。もっぱら毛利家の藩主を中心とした歴史をいかに編纂するか、ということに彼は心をくだきます。

長州藩士の中原邦平と、「他藩人」である末松謙澄とでは著しく立場を異にし、あとで問題となります。

明治二十年代になりますと、かって雄藩といわれたところは連絡をとりあい、史談会を作りました。当時はまだご存命の方がいらっしゃるわけですから、いろいろな話を聞きます。それが『史談会速記録』という形で、厖大《ぼうだい》な史料集が残っております。

思い出話が多いから、いろいろなことがわかります。しかし、自分の都合の悪いことは言わないわけですから、読むときには振り分けなければいけない。

明治国家が歴史を作るというのは、政府の側から作る歴史です。これに対して民衆の側から明治維新を見る、たとえば自由民権運動の人たちが、明治維新というものをどうとらえているのか。歴史は政府の側と民衆の側との歴史編纂を織りこみながら展開させてゆく必要があります。

明治二十九年(一八九六)、当主毛利元徳《もうりもとのり》(一八三九～九六)の逝去で毛利編輯所の事態が大きく変わってきました。長男元昭が毛利家を相続し、そのとき毛利家の財産管理人であった井上馨《いのうえかおる》(一八三五～一九一五)の発言力が増大します。井上は、それまでの毛利家史の編纂がどうもうまく進まないということに腹を立て、宍戸璣《ししどたまき》(一八二九～一九〇一)総裁に代える総裁をどうしたらよいか、伊藤博文に相談します。

そこで伊藤は、歴史に造詣の深い女婿がいるからと推薦し、末松謙澄が浮かびあがってまいります。謙澄にとっては、毛利家のごたごたで回ってきた役柄ではあったにせよ、彼にとっては、イギリスで学んだ歴史学の方法を生かす機会を与えられたことになります。

末松謙澄、毛利家歴史編輯所総裁となる

謙澄が毛利家歴史編輯所総裁を引き受けたのは明治三十年(一八九七)一月、彼が四十三歳のときでした。謙澄は「防長回天史総緒言」の中で次のように述べております。

「予ハ此委嘱ヲ受ケタルニ際シ、防長二州ノ人士タルト否トヲ問ハズ助手ヲ聘用スルコトヲ許サレ、最初ノ二年間ハ多クノ助力ヲ得テ材料ヲ蒐集シタリ。其中ニハ防長人ニ非ラズシテ山路某・笹川某・斉藤某・堺某・黒田某ノ如キアリ。皆文才識力常人ニ超越シ、概ネ其名ヲ江湖ニ馳セルモノナリ。此書ノ成稿ハ予ノ自カラ執

筆シ、且ツ数次ノ改竄ヲ経タルモノニシテ、予ノ自カラ蒐集セル材料モ亦甚ダ多シ。然レドモ予ガ此諸氏ニ負フ所ハ決シテ尋常一様ニ非ズ。又防長人士トシテハ中原邦平其他数氏ノ助力ヲ得タリ。就中中原氏ノ如キハ予ガ委嘱ヲ受ケタル以前ヨリ既ニ毛利家編輯ノ業ニ従事シ、當時ノ事蹟ニ精通セルヲ以テ終始予ヲシテ質問解疑ノ便ヲ得シメタリ。記録ノ捜索ニ関シテハ時山弥八氏ヲ労スルコト少カラズ。予ハ今以上ノ諸士ニ対シテモ深ク鳴謝シテ歇マザルナリ。」

（句読点を新たに付した。以下同）

『防長回天史』編集・執筆メンバー

○　他藩出身者メンバー

末松謙澄（監修者・文学博士）　月手当二百五十円、年二回五百円賞与

山路弥吉（愛山）　月手当五十円（のち、信濃毎日新聞記者）

黒田甲子郎　月手当五十円（のち、日報記者）

笹川種郎（臨風）　月手当四十円（のち、女子高等師範学校教員、東京帝大教授・西洋史）

堺利彦（枯川）　月手当三十円（のち、万朝報記者）

伊内太郎　月手当二十円（速記者）

○　長州藩出身者メンバー

中原邦平　補伝記　　月手当三十五円

市川寅助（のち、佐々木）各藩との関係　　月手当十九円

佐伯令亮　会計　　月手当十五円

時山弥八　　月手当十二円

福井清助（清介）記録書類出納　　月手当十円

井上馨の要望した編纂期間は二か年でした。ここにみられる人々の人件費だけでも、年間七、八五二円にのぼり、『防長回天史』編纂の二か年の総経費は十万円に達したといわれます。明治三十年代の十万円ですから、現在に換算したら、どのくらいになるのでしょうか。厖大な費用がかかっております。

編集スタッフの月手当をみてみますと、謙澄が外から連れて来た人々（「他藩人」）と、長州藩人であった人々（「旧臣連」）との月手当の格差は歴然としております。

「他藩人」の方が「旧臣連」より明らかに上にあるということで、「旧臣連」の人々は、「他藩人」に教えてやっていることが多いのに、月手当は「他藩人」の方が高いとは何事だと、表面はのんびりとしておりましたものの、不満はこもっていました。

編輯所の外側には、防長出身者千二百名ぐらい（明治三十四年現在）の防長学友会というものがありました。

この人たちにも、「他藩人」に『防長回天史』編纂の主導権を奪われるのではないか、という危惧がありました。けれど、責任者の末松謙澄は、井上馨が伊藤博文に頼み、しかも伊藤博文の女婿ということでしたから、当時としては不満のいえるような状態ではなかった、どうしても不満が内にこもるわけです。

また「他藩人」内部でも、笹川臨風や斉藤清太郎ら帝大出身の官学派と、山路愛山《やまじあいざん》（一八六四〜一九一七）のように民友社出身の私学派、民間派との間にも内部対立がありました。

約束通りの二か年後、明治三十二年（一八九九）には「他藩人」の人々は、慰労金千円を貰い辞めていき、そのあとは「旧臣連」の人々が編集に当たりました。

「他藩人」として唯一残った謙澄は、「旧臣連」の人々と共に編集を進めていくことになります。

『防長回天史』編纂事情

末松謙澄は、明治三十三年（一九〇〇）、伊藤博文の政友会結成に参画し、第四次伊藤内閣の内務大臣になったりして多忙な日が続きます。そして、あの「他藩人」たちによって進められた原稿を少しずつ書きすすめてゆきます。

ほとんどの人がいま手にすることのできる『防長回天史』は、改定版の十二巻（一九七二年、復刻版、マツノ書店発行)のものだと思います。この改定版の前に初版本というのがありますが、これはほとんど目にふれることはないでしょう。

この初版本の前にさらに「未定稿」(下書の原稿)があります。百部ずつ印刷して逐次出しております。B6版よりやや小型のもので、分冊の表紙には「未定稿」「代謄写印刷」とあり、時には「不許公示」とも刷り込まれている。

この「未定稿」は、大久保利通の直系のお孫さんに当たる大久保利謙《おおくぼとしあき》(一九〇〇~九五)先生の文庫(立教大学図書館)所蔵のものと、私が持っているものを合わせましても、まだ欠本があります。

この「未定稿」と「初版本」を比較してみますと、「未定稿」には、かなり多くの資料が挿入されておりますが、「初版本」では大幅に整理・削除されております。

たとえば「未定稿」には、吉田松陰《よしだしょういん》(一八三〇~五九)の死刑に際しての異説である世古格太郎《せこかくたろう》(一八二四~七八)の『唱義見聞録』も挿入されていました。『唱義見聞録』には、松陰は、処刑のとき、こんな処刑にされるいわれはない、と口角泡をとばして大暴れした、というようなことが書かれていますが、「初版本」では削除されている。

この「未定稿」を、百部印刷して「旧臣連」のところへ配るわけですが、この「未定稿」は「防長回天史編纂事情」十八(『社会新報』明治三十四年八月二十二日)によりますと、「旧臣連」にこれが配られても誰も一読すらせず、「況や進んで其遺漏錯誤を指示するに於てをや。彼等は皆な送本を封の儘束ねて手だに取らず、徒らに末松男爵の為す所に放任して豪も顧みる者なしと云へり」といい、さらに「配布残余の巻冊は、空しく庫中に堆積せられて、後に日月の光を受けず、今や塵埃堆裏反古と相伍して生れながら幽冥に陥りたるを歎じ顔なりと聞く」と述べています。

私の持っております「未定稿」には若干朱が入っております。しかし、「旧臣連」の人々は誰も見もしなかった、というのは、「他藩人」である謙澄に対する「旧臣連」の人々の反発の根深さというべきでしょう。

さらに具合の悪いことには、幕末維新史ですから『防長回天史』に井上馨も伊藤博文も当然登場してきますが、どうも『防長回天史』の記述では、井上と伊藤は同格に扱われないで、伊藤の方が格が上位におかれて書かれている。このことに井上は非常に不満を持ちます。明治三十年代に於いては、政界では伊藤の方が権力を持っていましたが、毛利家の財産管理人としては、井上は発言力を持っていました。

伊藤と井上の力関係、末松謙澄に対する「旧臣連」の反発というようないろいろな問題が絡み合い、ついに毛利家は編輯所を閉じて、謙澄に辞めてもらうことになります。

このことについて暴露記事が出ています。さきにも引用した『社会新報』に、「防長回天史編纂事情」というのが、明治三十四年(一九〇一)八月一日から九月二十七日まで四十六回にわたり連載されております。その前半の十九回分は、伊藤・井上が「他藩人」である謙澄に編纂を依頼せざるを得なかった毛利家周辺の事情についての記事であり、後半の二十七回分は、『防長回天史』というのは、明治維新を長州を中心にして書き過ぎていて、そんなことをしたら後世事態を誤まる」との批判を述べております。

こういう批判を受けたときに、謙澄はなにも反論しておりませんが、これに対して、かつての『防長回天史』の「他藩人」の編集スタッフであり、その後『万朝報』の記者となった堺利彦《さかいとしひこ》(一八七〇～一九三三)が反論しております。

「毛利氏の歴史であるから毛利氏を中心にして他藩を客とするのは、もちろんであるけれども、しかし主客(主は毛利、客は他藩)というのは、主が正しくて客がよこしまということでもなく、主が善であって客が悪ということでもない。長州がほんものであって他藩がにせものということでもない。あくまでも客観的に公平に叙している。かつて、われわれが編集しているときは、長州人から公平に書き過ぎると批判されたが、今度は『社会新報』から、長州中心にして書き過ぎていると批判され、実にばかばかしい」と彼は述べたのです。

これら外部からの批判が毛利家の『防長回天史』編纂中止の事情かというと、それは基本的な原因ではないだろうと、私は考えます。

といいますのは、明治初年の「脱隊騒動」は、いつまでも尾を引きまして、明治三十年代には「賞典請求事件」というのが起きました。毛利家と旧脱隊兵との間に裁判による争いがあったのです。そのことを明治三十四年(一九〇一)七月、『独立新聞』が「明治時代の汚点、公爵毛利家違勅事件」と題して、その問題を取りあげようとしましたところ、井上馨は警視庁と憲兵を使って内偵をすすめ、強権によって記事の掲載を中止させたということをやっています。

それだけの力を持っていた井上が、外部からの批判に簡単に屈するとは思えない。

とすれば、もっと、ほかに原因があったということを考えなくてはいけない。

毛利編輯所を中心とした問題だから、中原邦平たち「旧臣連」と謙澄の「他藩人」との問題として、これをみてみますと、中原邦平と謙澄の対立として浮かびあがってきます。

謙澄は「再版緒言」に次のように述べています。

「本書防長ノ二字ヲ冠スト雖モ、維新ノ事業ニハ防長二州ノ関係其半ニ居ルノミナラズ、本当ハ当時ノ大勢及ビ諸藩ノ関係ヲモ其要ヲ併叙セルヲ以テ、実ハ維新全史ト異ナラズ、読書ノ幸ニ此見地ヨリ観察センコトヲ切望ス。」

謙澄のめざしていたものは、あくまでも「維新全史」でした。

一方、中原邦平は『忠正公勤王事績』という本を明治四十二年(一九〇九)に出しますが、明治四十四年(一九一一)五月に増訂して『訂正補修 忠正公勤王事績』として防長史談会から刊行されます。

この本の出版されました明治四十四年五月というのは、『防長回天史』の第一稿が刊行されるのが明治四十四年八月二十日ですから、その三か月前ということになります。

そして、この年の五月と八月の間の明治四十四年六月三十日に、『防長回天史』の編纂は打ち切りとなっています。

中原邦平の『忠正公勤王事績』はどういうふうな構成になっているかといいますと、培本期《ばいほん》(天保八年〜安政五年)、周旋期《しゅうせん》(安政五年〜文久三年)、雪冤期《せつえん》(文久三年〜慶応元年)、恢復期《かいふく》(慶応元年〜明治元年)という構成でもわかるように、あくまでも藩主を中心とした歴史になっているわけです。

中原邦平のいうのには、「維新の功績の最大は毛利忠正公《もうりただまさ》(敬親。一八一九〜七一)にあるのだ」という見方をとっています。彼の著は、いわゆる忠正公翼賛史になっています。

ということは、謙澄のいう「維新全史」とは明らかに叙述の違いがでてきます。ここに大きな対立関係があるわけです。

しかし、「他藩人」である編集者を加えるということは、初めから了解してあったことだから、決定的理由にはならないのではないかと思います。問題は中原と謙澄の対立と、井上と伊藤の対立とがオーバーラップし、「中原・井上対末松・伊藤」という対立関係になると、これはどうにもならないということになります。『忠正公勤王事績』が五月に刊行され、その翌月の六月三十日に毛利家は『防長回天史』の編纂を断念せざるを得なくなったわけです。

末松謙澄『防長回天史』を自費出版

謙澄は「再版緒言」に「予カ毛利公爵家ノ依嘱ニ依リ本書ノ編纂ニ着手セシハ、二十有余前ノ明治三十一年ニ在リ、其後若干ニシテ故アリ、其事中止トナレリ」（傍点引用者）といい、「故アリ」という三字に万感の思いを込めて書いたであろうと思われます。

続いて、「既ニシテ予ハ公爵家ノ容認ヲ得テ全然自費自力ヲ以テ其事ヲ継続スルコト無慮十年、其間事故ノ為、偶々間断アリシ外ハ殆ド之レナク、本年六月末日ヲ以テ全部十二巻ヲ完結シ、九月中旬ニ至リ修訂ノ功ヲモ竣リタルモノナリ」と述べています。

「総緒言」で「毛利家ニ於テハ今ヤ既ニ編輯所ヲ閉ズ、然レドモ本書ハ予カ多年ノ辛苦ニ成レルモノナルノミナラズ、後年一世ヲ稗益スルノ時期到来スベキヲ信スルガ故ニ、更ニ之ヲ整理潤飾シ、事ノ極メテ細微ナルモノ及ビ、大勢叙述中二州ノ歴史ト密接ノ関係ナク必ズシモ必要ナラザル事項ハ多ク之ヲ削リ、毛利家ノ認容ヲ得、順次若干部印刷シテ以テ他日ヲ待ツ」といい、さらに「本書ノ内容ニ関シテハ何等ノ事項ヲ問ハズ、予独リ、其責ニ任ス、毛利家ノ與リ知ル所ニアラザルナリ」とあるように、編纂過程ではたしかに毛利家の手になるものであったが、出版された段階では、毛利家の手を離れ、末松謙澄の自費出版となっています。

いま『防長回天史』刊行年月日をみますと、次の通りです。

(1)第一編　明治四十四年八月二十日
(2)第二編　明治四十四年十月三十一日
(3)第三編上　明治四十五年一月三十一日
(4)〃　下　明治四十五年四月二十日
(5)第四編上　明治四十五年五月二十五日
(6)〃　下　明治四十五年六月二十五日
(7)第五編上　大正元年(明治四十五年)八月二十五日
(8)〃　中　大正二年一月十五日
(9)〃　下　大正二年三月二十日
(10)第六編上　大正八年七月二日
(11)〃　中　大正九年三月四日
(12)〃　下　大正九年八月二十七日

『防長回天史』は、明治四十四年(一九一一)から大正九年(一九二〇)まで順次刊行されてゆくわけですが、第五編下から第六編上までは、刊行年月日がかなり離れています。それは、第六編の「未定稿」ができあがっていなかったと、みるべきでしょう。

『防長回天史』の明治維新史ないし維新史料としての意義

第一には、「防長」という二文字を冠してはいるが、「維新全史」であること。長州藩を窓とはしているが、明治維新史として政治・財政・外交・軍事・産業・教育・文化・思想にも叙述の筆を及ぼし、広範に歴史を、とらえようとしています。

第二には、叙述の客観性です。謙澄には「他藩人」であるから、客観的に書けるのだとの自負があったと思われます。

第三には、史料が豊富に挿入されていることです。

記録をして語らしめるという記録史的な叙述の仕方です。その史料を入れながら、歴史の因果関係を展開してゆきます。

そこにはイギリスで学んだ歴史叙述の方法があります。引用されている史料は、現在、原典の失われた史料もたくさん入っています。

第四は、『防長回天史』の文体です。謙澄には、明治十九年に書いた『日本文章論』という著書がありますが、そこでは言文一致体という文章論を展開しています。話し言葉と文章と一致させるというのです。

『防長回天史』の文体は、簡にして要を得、且つ、リズミカルです。

第五には、『防長回天史』を維新史の中で、どう位置づけるか、ということです。

『防長回天史』第一編の出た明治四十四年(一九一一)は、官制公布による維新史料編纂会が文部省内に設置された年です。

維新史料編纂会は、史料の公平を、うたってはおりますが、明治政府の機関であるだけに、どうしても当時の薩長藩閥色が出てくることは否めません。

『防長回天史』は、謙澄が「他藩人」であるということで、藩閥の雄長州藩の役割を公平に位置づけようとしました。それゆえに『防長回天史』の編纂は、遂に毛利家と縁を切らざるを得なくなったともいえそうです。

とはいうものの、その謙澄が、客観性・総合性の叙述を心がけても、伊藤博文という長州閥の最高位にある人の女婿であるということは、どうしても一定の限界がでてきます。その意味で『防長回天史』が、薩長藩閥の枠組みの範囲にとどまらざるを得なかったことは否めないことです。

また、『防長回天史』は「誤植の名著」ともいわれていますが、それらを差し引いても、なお明治維新史研究には不可欠な価値ある文献です。

謙澄は、大正九年(一九二〇)八月二十七日、『防長回天史』十二巻の修訂を終え、十月五日、六十六歳で没しています。

『防長回天史』編纂・刊行の過程での中原邦平との対立、それに絡む伊藤と井上との対立との問題、そして毛利家の手を離れて、ついに『防長回天史』の自費出版を終えた直後に謙澄は没しました。いうなれば謙澄の一生は、『防長回天史』に賭けられたといえます。

謙澄は政治家でもありましたが、『防長回天史』の刊行という業績の方が私には印象深く残っております。現代史的観点で『防長回天史』を振り返ってみますと、謙澄と長州人との対立、これは、郷党を組むといいますか、藩閥をつくるといったようなことと絡みます。

陸奥宗光《むつむねみつ》(一八四四〜九七)が明治七年(一八七四)に書いた「日本人」という文章があります。この文章で彼は「今や薩長にあらざれば、ほとんど人にあらざるごとし」といっています。

最初は、長州同士、薩摩同士、あるいは土佐同士、肥前同士でかたまっていますが、機構が整ってきますと、やがて官僚機構と結びついてくる。

一例をいいますと、伊藤博文は最初は木戸にくっついていますが、だんだん大久保利通と結んでいきます。大久保が内務省を作ったときは、伊藤が片腕になってやる。薩長土肥の枠組みの中では交流しますが、薩長土肥という枠組みは崩さないわけです。

明治三十二年(一八九九)、外山正一《とやままさかず》(一八四八〜一九〇〇)という人は、旧幕府の出身ですが、明治維新というのは、水戸の「強堅ニシテ無邪気ナル勤王心」と、鹿児島の「公明正大ノ勤王心」と、山口の「文明的ノ勤王心」とが、「調和融合」して成就したものとみなし得るなどといっています（『藩閥之将来』）。

藩閥による排他主義が出てくるのは、明治維新に勝ったのだというところが大前提にあります。その勝者の側から、長州藩の歴史をみようということになってきます。ところが、謙澄は、敗者の側の小倉藩ですから、伊藤の女婿として『防長回天史』を書いたとしても、敗者の痛みの視点があります。謙澄が「維新全史」を書いたのだといっていることは、勝者・敗者を含めた全体の歴史を書こうとした、と私には思えて仕方がないのです。

薩長の歴史を中心にした明治維新史を、もう一度みつめなおす必要があります。長州藩の歴史観に欠けているもの、つまり敗者の視野を包みこんで、そこから、もういっぺん、見直すということです。

奇兵隊も一見勝者のように思えるかもしれません。奇兵隊を創設したときはたしかに勝者であったが、しかし明治初年の「脱隊騒動」では維新の敗者になっています。

吉田松陰も勝者のように思えますが、弾圧されて処刑されたということでは、敗者の側に立たざるを得ない。萩へ行くと、明治維新の勝者の碑は建っておりますが、敗者の碑、たとえば椋梨藤太《むくなしとうた》（一八〇五〜六五）のことなどは全くわかりません。また、「脱隊騒動」で反乱した側の人の子孫は、いまだに肩身の狭い思いをしていらっしゃるそうです。

日本史全体でいえば、自由民権運動は、明治政府に刃向っていったということで弾圧されましたが、戦後の歴史研究の中で、彼らがいかに歴史を作ったかが、明らかになって復権しております。

しかし、長州の明治維新史の歴史の中には、依然として勝者の歴史が牢固として残っております。

これを日本の問題として考えてみると、昭和二十年(一九四五)八月十五日に、日本は明らかに敗者の側に立ったわけなのですが、日本人は敗者の視点を本当に自分のものにしたのだろうか、と思います。

日本国憲法の「戦争放棄」というのは、敗者の立場に立つことによって、初めてそういう発想を自分のものにできたと思うのです。この敗者の立場に立つならば、この戦争で苦難をなめた人々、原爆にあった人々、従軍慰安婦、強制連行など、そういう人々の痛みを感じとる歴史観になっていくだろうし、ソビエトのシベリア抑留はあまりにも不当ではなかったかと、きちんと位置づけることができると思うのです。敗者の立場に立って、これまで見えなかったものをしっかり見つめ、考えてみる必要があると思います。

(1) **【質問】**「脱隊騒動」は、山口県における自由民権運動と、とらえてよいだろうか。

【答】 奇兵隊は、農商が半々で、すべて「会議」で決めていく方針をとっていました。民主的要素があったわけです。しかし、戊辰戦争で幹部は堕落していきますから、奇兵隊のこの民主的要素は、脱隊した側の方へ移っていきます。それは藩権力に叛《そむ》いたということで弾圧されます。明治十年代(一八七七〜)に自由民権運動が起きるその伏線ともいえる「竹橋騒動」という近衛兵の反乱が明治十一年(一八七八)に起きます。しかし、「脱隊騒動」と自由民権運動とは、やはり次元がちがうでしょう。ただ、面白いのは、『防長回天史』の編集メンバーであった福井清介が「脱隊騒動」の史料を編纂していることです。東京・青山の墓地には、彼が「竹橋騒動」の慰霊碑を作っております。

(2) 【質問】 一九四五年八月十五日を、どうとらえるか。

【答】 八月十五日を明治維新との関連でどうとらえるか、ということでしょうか。明治維新によってできた明治近代国家は、「富国強兵」をかかげて大国主義をめざし、日清戦争・日露戦争・第一次世界大戦・満州事変・日中戦争・太平洋戦争というふうに戦争ばかり続けています。

中江兆民《なかえちょうみん》(一八四七〜一九〇一)は、「富国強兵」と明治政府はいうけれど、「富国」をやろうとしたら「強兵」はできないではないか、「強兵」をしようとしたら「富国」はできない。つまり「富国」と「強兵」は矛盾していると痛烈に批判しています。中江兆民は大国主義に反対し、小国主義をとなえています。

明治初年に岩倉・大久保・木戸などを首脳とした「岩倉使節団」は、一年十か月にわたって欧米十二か国を回覧しました。この時、一行は小国を丹念に見ております。当時のスイス・オランダ・スウェーデン・デンマーク・ベルギーなどです。

『米欧回覧実記』という報告書(百巻)がありますが、イギリスとアメリカは、おのおの二十巻ずつ充てており、ドイツが十巻、フランスが九巻です。小国は合わせて十数巻になっています。この巻数の比例が当時の関心の度合を示すとするならば、明治政府の進路の中には、小国をモデルに選ぶ可能性がなかったわけではないように思われます。

しかし結局、日本はプロシアがドイツ帝国となった路線を明治十四年の政変で選択しました。アジアのプロシアを目指したわけです。その結果として、一九四五年の八・一五に、それはつながりました。その意味では、明治維新は、八・一五で破綻したといえるかもしれません。

その破綻した八・一五の歴史的意味を、戦後六十年に当たって、もう一度ふまえてみる必要があるでしょう。「普通の国」になろうという考え方が、いま出ています。日本国憲法の見直し論も出て来ていますが、日本国憲法はある程度定着していますから、そんなに簡単には変わらないでしょうが、予断は許しません。流れが変わるときには、一挙に変わることはありえることです。さきほどの「普通の国」というのは、政治大国になり、経済大国になり、軍事出兵もできる国になるということです。

歴史を学ぶということは、現代をいかに生きるかということです。そのためには、これからを生きる若い人たちに、政治や経済や文化などに、さらに関心を持ってほしいものです。そのための努力がもっと必要であると思います。

天は蒼《あお》くして
——吉田松陰の視線《まなざし》

I 歴史と人物像

新しい吉田松陰《よしだしょういん》像についてお話をしていきたいと思います。

私は山口県で、戦争中「松陰に続け、少松陰たれ」と吉田松陰を叩き込まれました。旧制の中学校では毎朝の「士規七則」をクラスで唱和させられて、いささかうんざりしていました。やがて陸軍の学校に行き、敗戦を陸軍士官学校で迎えました。その後歴史の研究をすることとなり、明治維新史を専門にすることになり、松陰は敬して遠ざけたいという気持ちがありましたが、避けて通るわけにもいかなくなりました。それでもなかなか馴染めませんでした。ところが、あとで述べる問題から吉田松陰に接近することになります。

歴史における人物の問題は、個性としていろいろな形で問題になります。歴史上における人物は、織田信長（一五三四〜八二）、豊臣秀吉（一五三七〜九八）、徳川家康（一五四二〜一六一六）のような時代のヒーローが一般的には論議されますが、そうでない人物の場合も、それぞれの時代に捉え方が異なっており、評価が変わるということはあり得ることです。例えば、安政大獄の井伊直弼《いいなおすけ》（一八一五〜六〇）の評価ですと、戦争中は「逆臣」あるいは「逆賊」といわれていました。ところが戦後になるとペリー来航の開国に応じたわけですから、「開国の恩人」と一変します。楠木正成《くすのきまさしげ》（?〜一三三六）にしても「忠臣」としておおいに喧伝されたのですが、戦後の高校の教科書などには「悪党」とでています。但し、この悪は善悪の悪ではなく力が強いという意味です。それにしても「悪党」楠木正成となりますと、戦争中に教育を受けた年輩の人たちはびっくりする思いがあると思います。ここで取り上げる吉田松陰も評価が変わっています。その問題から入っていきたいと思いますが、吉田松陰の場合には、井伊や楠木のように評価が逆転するというのではありません。オール否定ではなく、何らかの形で肯定的なところがあるのです。それは一体なぜなのだろうかということになりますが、ここで述べます話全体から読みとってください。そこでまず時代的にどのように評価が変わってきたのかを簡単にお話したいと思います。

2　松陰のイメージ

吉田松陰の本は、松陰をどの程度に主人公として捉えるか、その主題への比重によりますが、松陰自身を主題にした人物伝的なもので約二百冊、多少範囲を広げると二百五十冊くらいはあるかと思います。これほど多い冊数は、人物伝で他にそれほどあるわけではありません。この二百冊以上もある松陰の伝記を集めるのも、また目を通すのも容易ではありません[年表(一三四頁)参照]。

松陰は天保元年(一八三〇)に生まれて、ペリーがやって来たときに「黒船」に乗って外国に行こうとし、それに失敗して江戸の獄から長州の野山獄に送り込まれます。そこで安政大獄にぶつかり、また江戸送りとなって処刑された、ということはご承知だと思います。数え年三十歳となっていますが、満年齢は二十九歳と二か月ですから三十歳に達しない若い青年だったということです。

松陰の肖像があります。これが三十歳足らずの青年に見えるでしょうか。

松陰肖像画
(注) 松陰肖像(杉家本)山口県萩市・松陰神社所蔵(協力・宝物館建設準備室)

この肖像画を見ると、老成して、オーバーにいえば還暦ぐらいの面影があります。これは松下村塾《しょうかそんじゅく》の弟子の一人松浦松洞が描いたものです。ひょっとしたら獄中の疲れでこんなに老成して見えたのかもしれません。また、松下村塾の弟子たちにとっては、後で言われるほど、松陰を神様のようにしているという関係ではありませんでしたが、あるいは松洞から見れば雲上の先生のようにおもえて、こんな肖像画になったのかもしれません。この画は何枚かあり、それが一人歩きをして、三十歳足らずの青年イメージよりも、しだいに聖人君子のイメージが強くなったのだろうと思います。

3　明治・大正期の松陰評価

ではこの松陰の評価が、時代的にどのように変わっていくのかということですが、松陰の伝記は簡単なものが明治十年代から出てきます。これを書いたのは長州以外の人で、松門の人ではありません。松門の人が書こうとすると、「お前なんかには松陰先生の伝記なんかは書けるものか」と周りから言われて書くことができなかったということです。松陰伝のまとまった形のものは、明治二十六年(一八九三)徳富蘇峰《とくとみそほう》(猪一郎《いいちろう》。一八六三〜一九五七)著の『吉田松陰』(民友社)という評伝です。この書では松陰を明治維新の「革命家」として描いています。

明治二十三年(一八九〇)に第一回帝国議会が開かれ、明治二十六年までには第五議会が開かれています。教科書には初期議会として出ています。当時は政府に対しては明治十年代の民権運動としての流れもあり、民党(野党)の方が強かったのです。政府予算の否決などをしますが、政府もそれに対して解散、弾圧などしました。明治二十七年(一八九四)に日清戦争が始まりますと、それまで対抗していた民党までもが、第七回議会では満場一致で予算案を通過させるようになりました。このような政治局面の大きな転回の中で、日本における論壇も社会潮流も大きく右旋回していきます。

それまで蘇峰は、「平民主義」という「貴族」に対する「平民」という立場で歴史をみており、松陰のこともそういう立場で書いていました。しかし、日清戦争による右旋回で、日本はだんだん帝国主義に足を踏みいれていき、やがて十年後の明治三十七年(一九〇四)の日露戦争の開始によって大陸侵略へとつき進んでいきます。日清・日露戦争は、明治二十二年(一八八九)にできた大日本帝国憲法の下での帝国主義による大陸侵略への形となっていきます。司馬遼太郎さんは明治時代はまあまあ良かったのではないかという評価ですが、そういう評価もないわけではありません。朝鮮問題をめぐっての大陸への侵略戦争を、祖国防衛戦争といっている人もいますが、しかし、そうとばかりはいえません。その側面もないわけではありませんが、戦場が朝鮮であり、中国であることでは大陸の人々にとっては惨憺《さんたん》たることです。隣の家に土足で入っていき銃剣を振り回す、といった戦争の側面は否定できません。日露戦争のようにアジアの民族が白人種を打ち倒したということで、東南アジアの国々の人たちは日露戦争に大いに鼓舞されたという評価がいまもあります。しかし、他の国から鼓舞されたからといって、それが日本の起こした戦争を正当化する理由にはなりません。ここは意見の分かれるところです。明治にロマンを感ずる人も多いと思いますが、明治時代といえども、まあまあ良かったのだとは簡単には言い切れない面があるのです。

蘇峰は明治四十一年(一九〇八)に改訂版を出します。これには「革命家」吉田松陰というイメージはなくなり、「改革家」松陰となっており、従来の革命的な松陰イメージが後退します。このように評価が変わってきます。吉田松陰の人物評価のこの伝記は、明治二十六年の初版本が岩波文庫に入っていますので簡単に読めると思います。

大正期になると、大正デモクラシー、つまり吉野《よしの》作造《さくぞう》（一八七八〜一九三三）の民本主義（天皇制の枠の中での民主主義で、本当の意味での民主主義とは違います）の流れの中で、『朝日新聞』に連載された吉田松陰の人物像を朝日新聞の記者であった大庭《おおば》柯公《かこう》（景秋。一八七二〜？）が書きます。彼はコスモポリタンで、松陰が世界に雄飛しようとしたところを評価します。ここでは松陰を大正デモクラシー的な平民的な形で捉えようとしています。しかし、大正末になりますと、治安維持法と普通選挙法が同時に国会を通ることになり、「ムチ」と「アメ」とが国会において法律となるのです。治安維持法は昭和三年（一九二八）には改正治安維持法となり、合法的に人の命も奪うという法律に変えられていきます。普通選挙法はデモクラティックな側面があります。ところが一方では治安維持法ですから、まさに相矛盾して揺れ動くところが、大正デモクラシーの末路ということになろうかと思います。そうしたなかで、昭和に滑り込んで行きます。

4 昭和前半期の松陰像

昭和になると、教育者松陰像が登場してくるのです。松下村塾という萩の小さな塾で、松陰が維新に活躍する人物を多数輩出させたということで、松下村塾がクローズアップされてきます。明治十年代における伝記には松下村塾は出てきません。ですから我々がもつ吉田松陰＝松下村塾というイメージは、大正期から昭和のはじめにかけて浮かび上がってきたとみていいと思います。教育者松陰像を定着させたのが教育学者の玖村敏雄《くむらとしお》さんです。玖村敏雄著『吉田松陰』(岩波書店)は昭和十一年(一九三六)に出ますが、事実を丹念に追いかけて松陰を描いています。その頃には『吉田松陰全集』(定本版全十巻、岩波書店、昭和九〜十一年)も出ていますから、それに基づいた伝記で実証的だといわれ、松陰伝の定本になっていきます。その後も、この教育者松陰像が定着して戦後にも大きな影響を与えます。

昭和十年代になりますと、戦争という時代の中で、「忠君愛国」的な松陰像がクローズアップされてきます。昭和八年(一九三三)頃から教科書には次第に「忠君愛国」という、戦争中におけるイデオロギーを反映した松陰像に変わっていきます。例えば、昭和十六年(一九四一)からは第五期という教科書の区分けになりますが、この昭和十六年からの小学校の修身教科書には、国民教育の理想像としての松陰が描かれています。

この教科書の論旨は、父親の杉《すぎ》百合之助《ゆりのすけ》が松陰の兄の梅太郎と松陰を連れてお宮にお詣《まい》りするわけですが、父親の百合之助が兄の梅太郎に、お前はいったい何を祈ったのかと聞きますと、梅太郎は「はい、皇室のみさかえを祈り、殿様のご無事を願ひました」といいます。それでは大次郎(松陰)はと問いかけると、「私も、第一に皇室のみさかえを祈りました。それから、自分がほんとうの日本国民になることをお誓いいたしました」と答えます。「ほんとうの日本国民とはどういふことか」と父親が聞きますと、「臣民としての道を守り、命をささげて陛下の御ためにつくすのが、ほんとうの日本国民だと、玉木のおぢ様が教へてくださいました」というのが松陰の言葉となっています。「それを神様にお誓いしたのか」と父親は感心をするというストーリーです。我々が教育されたころもすでに松陰像は、この「忠君愛国」松陰像でした。「少松陰たれ」というのは、天皇のために早く戦場に赴くことだということでした。もう少し戦争が続いたら、私はあの靖国神社に奉られていたかもしれません。

このような戦争中の松陰像であったのですが、山口県の場合には「松陰主義」が強調されて、個人主義を捨てお国のために天皇のために尽くせという教育が、小中学校で徹底されました。こうして軍国少年・少女ができ上がり、戦争参加となっていくのです。この「忠君愛国」松陰像の呪縛が解かれるのは、昭和二十年(一九四五)八月十五日の敗戦です。

5 昭和後期(敗戦後)の松陰像

敗戦後は松陰の伝記はピタリと止みます。松陰の伝記が戦争中は急速にたくさん出るようになったことは、次頁の表をみれば明らかです。そのピークは昭和十七年(一九四二)で、アジア太平洋戦争が始まった翌年です。

ところがその後は紙の統制もあってしだいに本が出せなくなります。同じ人物の伝記が一年に十七、八冊の本が出るということは異常なことです。これは敗戦でストップします。明治二十年代以降、松陰の伝記は年に一冊、二冊出ていたのですが、空白の時期が二回ありました。それは蘇峰の明治二十六年から四十一年に改訂版がでるまで(ただし、増刷は出る)と、敗戦の昭和二十年(一九四五)八月十五日から二十六年(一九五二)の丸六年の間の空白です。

ところが、昭和二十六年にはまったく予想もされなかった吉田松陰の伝記が出ます。これが奈良本辰也さんの岩波新書の『吉田松陰』です。どうしてこの時期に奈良本先生が吉田松陰を書かれたのかについては、私も直接お伺いしました。私は僭越《せんえつ》にも功罪相半ばといったのです。というのは、戦争中に松陰を持ち上げ、あれほ

1) 明治22年〜平成11年(1889〜1999)
松陰関係単著数

年	期間	冊数	平均冊数
明治22〜45 (1889〜1912)	24年	10冊	0.4冊
大正2〜15 (1913〜1926)	14	12	0.9
昭和2〜20 (1927〜1945)	19	102 (小計124)	5.4
昭和21〜平成11 (1946〜1999)	54	76 (小計200)	1.4

2) 戦時中の松陰関係単著数の変化

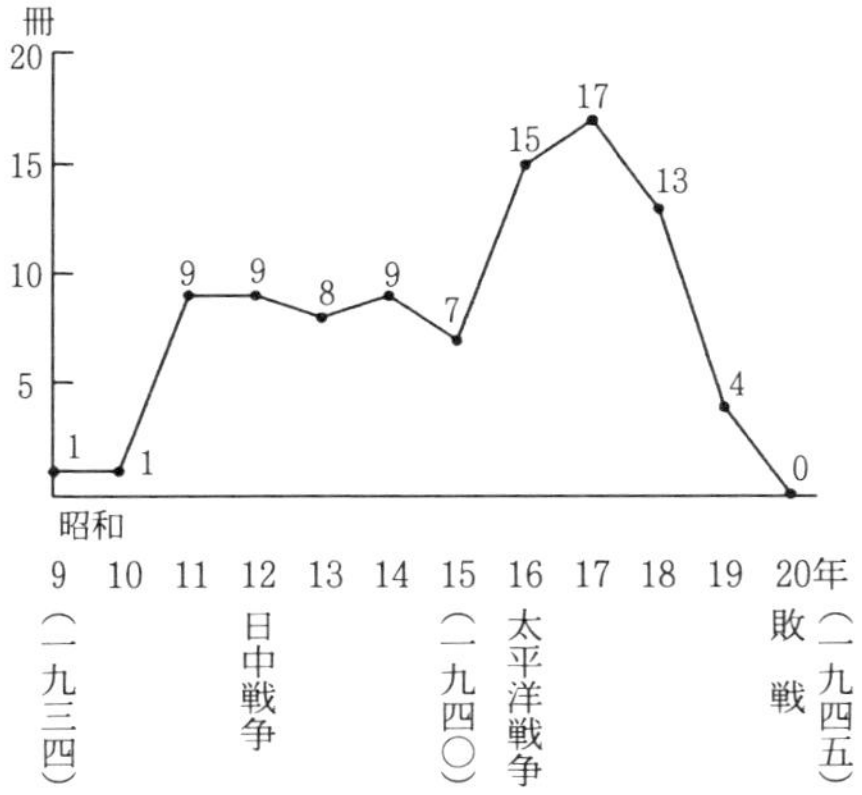

(注)吉村忠幸「吉田松陰に関する研究文献」札幌大学女子短期大学部『紀要』通巻23号(1984年2月、第3号)に、明治〜昭和(1982年まで)間の吉田松陰関係文献の冊数一覧表が載せられている。これは雑誌・パンフ類を含むもので、当然上記グラフの点数を上回っている。しかし日中戦争時(1937〜38年に冊数が下降)以外は、ほぼ同じ傾向を示している。拙著『吉田松陰』58頁より。

ど「忠君愛国」を青少年に説いた人たちは、戦後ピタッと口を閉ざし、嵐の行き過ぎるのを待っていたかのようでしたが、奈良本松陰伝が出ると、これをきっかけにして、やがてまた書くようになってきたからです。自分の書いた松陰伝によって、どれだけ軍国少年・少女に影響を及ぼしたか、そして、戦場に赴いていった人がどれだけいたのかへの反省や自己批判なしに、ふたたび松陰伝が出はじめたわけです。

これは日本の戦争責任のとり方の問題と絡んできます。結局、現在に至るまで軍人や政治家の責任問題は、東京軍事裁判以外には、ほんのわずかな例外を除いてその責任をきちんととっているとは言えません。その根源は、戦争責任の問題を、国民自身の手で裁くことができなかったことに、大きな禍根があるのです。つきつめていけば、天皇の戦争責任問題になっていきます。もっともシンボリックには、天皇がそれまで白馬「白雪」に跨《またが》り大元帥陛下であったのが、一九四五年にその軍服を引き出しにしまい込み、別の引き出しから背広を出して日本全国を平和のシンボルとして回って歩くことになります。一身二生ともいうべきみごとな変身です。

日本の変革にはそういうところがあります。フランス革命ですと、国王はギロチンにかけられています。ところが明治維新の場合でも、第十五代将軍の徳川慶喜《とくがわよしのぶ》(一八三七〜一九一三)は静岡に引退しますが、還暦を迎えてふたたび東京に出て明治の最高勲位を与えられます。ですから断絶するところはあるけれども同時に連続する。私はこれを「非連続の連続」と表現しています。そういうところが日本の変革の特徴としてあげられます。別の言葉でいうならば、決断のパターンもありますが、「なし崩し」のパターンが政治の中では多く使われるのです。現在でもこの「なし崩し」が進行し、気が付くといつのまにか方向転換がなされていることがあると思います。変革・改革というとき、とくにこのパターンがよくでてきます。歴史の中の智恵かもしれませんが、政治家にとっては都合のいい智恵といえるでしょう。気をつけたいものです。

こうして戦後の松陰像が復活してきました。しかし戦後の松陰像は、教育者松陰像は生き残っていますが、様々な形で描かれます。奈良本さんの吉田松陰は思想家・政治的実践者として捉えられています。そのほか「生活者」松陰や「思想家」松陰、「革命家」松陰など多彩な松陰像が出てきます。ですから必ずしも一つに絞りきるということはできません。戦後の価値観の多様さが反映しているのです。

日本の国内がそのような変遷をしている時、外国からは松陰はどのように見られていたのでしょうか。

6 外国人の松陰イメージ

ペリーは「下田踏海」の松陰と金子重輔《かねこじゅうすけ》について、「世界を見ようという若い有能な青年がいる。これは注目していい。こういう青年がいる限り日本には希望が持てる」と高く評価しています。これは行動に対する評価です。人物に対しては明治十四、五年前後に、イギリスのスティーブンソンが『吉田寅次郎』（YOSIDA-TORAJIRO）という英文の伝記を書いています。スティーブンソンは『宝島』の作者であり、『ジキル博士とハイド氏』の作品もあります。これはスティーブンソンが、当時イギリスに留学していた松下村塾で松陰に教わったという正木退蔵《まさきたいぞう》に話を聞き、松陰を描いた作品です。そこでは日本の伝記とはまったく違った人間を赤裸々に描いています。

松陰はボロの着物を着て顔もろくすっぽ洗うことなく、頭髪も二か月にいっぺん結うかどうかで、無造作に髪を縛っている。洗った手を袖で拭いたり洟《はなみず》をぬぐったりするので、そこがテカテカとなっている。言葉は相当に乱暴であったが、振舞いは温和で立派な教師であった、とあります。ある時に商人が自分の子どもを教えてもらうので、お菓子料として僅かなお金を差し出すと、松陰は烈火のごとく怒り、それを投げ返し、大きな声で怒鳴りつけた、というのです。また、松陰は勉強家で、夏、眠くなると袖に蚊を入れ、わざと蚊に食われて目を覚ますようにし、冬は下駄を脱いで裸足で雪の上を走り回り眠気を覚ますなどすると述べています。

このような赤裸々な人間像が、スティーブンソンの『吉田寅次郎』の中には描かれているのです。日本では松陰は松下村塾の偉い先生として祀り上げられていきますが、この祀り上げられることと、松下村塾の松陰の弟子たちが明治の権力の中枢に進んでいくこととは並行しています。自分たちの価値を上げるためには松陰先生を持ち上げ、松下村塾を高く評価する。そのことにより自分たちの価値を高くするという相互作用をなしているわけです。

7

獄の中の高須久子

松陰は「黒船」に乗り込もうとして失敗し、江戸の伝馬町の獄に入れられます。その時の獄中体験が松陰の獄制改革案に結びついていきます。これは「福堂策」といわれるもので、獄制を改革しなければならないという主張です。松陰は江戸の伝馬町の獄から萩の野山獄へ移されますが、野山獄の場合は借牢《しやくろう》です。長州ではよく行なわれていた制度です。獄の費用については身内が負担するのですが、松陰の場合は、藩が持っていたという説もあって、どちらだったかは明らかではありません。借牢ですから獄の中での行動は比較的自由でした。松陰が獄中で俳諧や読書の会をすることができたのもそのためです。

松陰が入っていたときに一人の女性がいました。この女性が高須久子《たかすひさこ》（「久」とも）です。久子は松陰より一回り年上の女性でした。獄中ではじめて知り合ったときの歌の遣り取りをあとで紹介しますが、獄になぜ久子が入ったのかということに焦点を絞ってみたいと思います。

『吉田松陰全集』普及版（全十二巻、岩波書店、昭和十三〜十五年）の第十二巻所収の全集編纂者の解説に、「高須久安政元年松陰が野山獄に入りたる時の同囚にして獄中唯一の女囚なり、当時三十七歳在獄二年なりき。藩士高須某の妻なりしが、寡居後素行上に罪ありて投獄せられる。松陰はこの女性をも獄中教化運動に導き入れたり、往復の和歌数首あり」とあります。傍線を引いた箇所に注目してください。久子がどうして獄に入れられたのかを全集編纂者は知っているのです。しかし、そのことについては全集のどこにも説明がありません。玖村さんの伝記にも出てきません。

『高須彦次郎母并祖母御咎一件』という分厚い史料が山口県文書館毛利家文庫にあります。この史料のことを編纂者は知っていたのだと思います。それを読まなければ、「寡居後素行上に罪ありて……」とは書けないはずです。

久子は高三百十三石のれっきとした武士の妻でした。娘が二人おり、母親と一緒に住んでいて高須家は女性家族でした。当時十三歳くらいの長女に高三百三十石の児玉家から彦次郎を養子として貰いますが、彼もまだ十四、五歳でしたから、彦次郎は実家から明倫館に通っていました。ですから下男下女はおりますが、母親と久子と娘二人の女性家族という家庭環境でした。

久子は陽気で三味線好きであり、この三味線好きが高じて当時の芸能者の勇吉、弥八という二人の若者を、自分の家に交代に呼んで三味線を弾かせて楽しんでいました。これが次第に高じて、はじめは縁先であったのが、やがて夜になったらご飯やお酒を出して食べさせたり、また時と場合によっては、朝まで居させて帰らせるということなどをします。これが親戚に漏れます。この勇吉、弥八という芸能の人は当時、身分外の身分として差別された人々でした。これをれっきとした武士の未亡人が夜通し泊まりこませることは、当時の社会規範からいうと破天荒な行動となります。親戚が知り座敷牢に閉じ込めるのですが、やがて藩の牢に預かりとなります（借牢）。

そこで藩が調べて密通、密会などといわれますが、久子は「私は身を穢したことは一度もありません。差別された人を『平人同様之《の》取扱方』、つまり普通の人と同様に取扱っただけです」と主張します。供述の中にこれは繰り返し出てきます。その取調べの史料であるさきの分厚い『一件』史料には、そのほかにもいろいろなことが書かれています。文書館員のある方がこの史料を発見され、小論文をそれによって書かれました。私はご本人の了解を得て全面的にその解読をすすめ、まとめたものが『松陰と女囚と明治維新』（ＮＨＫブックス、一九九一年）です。

少し脱線いたしますが、私はこの史料を読んでからずうっと温めていました。いまから十一年前になりますが、心筋梗塞になり、手術予定日の三日前にさらに第二次の強烈な心筋梗塞の発作に見舞われました。そこですぐに血栓を溶かす処置をして集中治療室に送り込まれ、やがて手術を受けましたが、手術をした後にまた集中治療室に戻され、ちょうど二十日間東京の病院の集中治療室にいました。人間とは弱いもので二十四時間、朝、昼、夜もないところで、自分の病気や身近なことを考えると、どうしても落ち込んでしまいます。そこでそういうことについては思考停止をして考えないようにしようと決心しました。そうかといって論文の構想を練るわけにもいきませんから、宿題にしていた松陰と女囚・高須久子の問題について、ベッドの上で集中的に考え続け、夜中の十二時頃に看護婦さんにメモをとってもらいたいと頼みました。看護婦さんはメモをとってくれたのですが、新人の看護婦さんだったものですからすぐリーダー（看護婦長）に報告をしたのです。集中治療室の患者さんに夜中にそんなことをするとは何事か、と彼女は大目玉を食《くら》ったわけです。彼女はべそをかいて、怒られましたから、これからはできませんといってきました。仕方ないので天井を眺めながらなんとかまとめてみようと、文章を頭の中で書き、行き詰るとまた最初からやり直したり、最後の方からはじめたりして、病気と身近なことは一切考えないようにして、集中治療室の二十日間を過ごしました。それでもちょっと気を許すと病気のことを考えます。これはいかんとそちらに心を移し、集中治療室で松陰と女囚・高須久子の問題は概ねまとめあげて、北海道の病院に戻りました。メモを取れるようになったらすぐメモをとり、退院してから一気に書き上げた本です。一気に書き上げるなどとは、私としては珍しいことです。ですから、ある意味ではこの問題で心筋梗塞から救われたという感じがいまもあります。

自由民権の理論的指導者中江兆民《なかえちょうみん》に、『一年有半』という癌《がん》宣告を受けたあとに書いた本があります。それを読み直してみると、哲学や歌舞伎のことなど、もろもろのことが書いてあるのですが、一週間目くらいのところに病気のことが出てくる。そしてまた一週間ほど過ぎたところに、また病気のことが出てきます。たぶん兆民も余命一年半と宣告されて、人間ですから、いろいろなことを考えてメモを取るのですが、ふっと病気のことに思いが及び、それをそのまま書き残したものと思われます。病気のことは周期的にとでもいえるように出てきます。このことには兆民研究者も気がつかなかったようで、私はある雑誌にそのことを書きました（「兆民の『一年有半』」『文学』一九九〇年夏号)。身近な心配ごとを別な方向に心を集中させ、それを切り抜けていくのはささやかな経験ですが、病気のひとつの克服策ではないでしょうか。個人的な体験の余談です。

8 松陰と久子

獄中で松陰と久子が出会い、「短歌行」という連歌の形で松陰が上の句を詠《うた》い、久子が下の句を詠うというものがあります。

酒と茶に徒然しのぶ草の庵　　松陰
　谷の流の水の清らか　　久子
四方山に友よぶ鳥も花に酔ひ
　蝶と連れ行く春の野遊　　松陰
(短歌行〈安政二年秋〉)

この「短歌行」の詠み合いには、ほのかなものが感じられますが、それ以上ではありません。しかし、安政二年の『詩文拾遺』(『松陰全集』普及版)には、

高須未亡人に数々のいさ［を］しをものがたりし跡にて
清らかな夏木のかげにやすらへど人ぞいふらん花に迷ふと
矩方《のりかた》

未亡人の贈られし発句の脇とて
懸香《かけこう》のかをはらひたき我れもかなとはれてはぢる軒の風蘭

同じく
一筋に風の中行く蛍かなほのかに薫る池の荷《はす》の葉

とあります。

矩方《のりかた》とは松陰のことです。『全集』普及版（全十二巻）では、「高須未亡人に数々のいさをしをものがたりし跡にて」となっています。傍点を付したように、「いさをしをものがたる」という表現は、僕（松陰はこういう一人称をよく使います）はペリーの「黒船」に乗ろうとして捕まったのだ、というようなことなどを松陰が

吉田松陰・高須久子関係年表　( )内は数え年

天保元年（一八三〇）	吉田松陰生まれる。(1)
天保二年（一八三一）	防長大一揆、長州藩動揺。(2)
嘉永三年（一八五〇）	九州遊学、長崎へ。(21)
嘉永五年（一八五二）	東北行、亡命の罪で処罰。(23)
嘉永六年（一八五三）	ペリー来航、浦賀へ。(24)
安政元年（一八五四）	下田踏海失敗、自首。萩野山獄へ。獄中で高須久子と会う。(25)
安政二年（一八五五）	野山獄から杉家幽室へ。(26)
安政三年（一八五六）	幽室へ子弟集まる。松陰尽力し、野山獄囚人過半放免。(27)
安政四年（一八五七）	松下村塾を主宰。『討賊始末』成稿。久坂、松陰の妹と結婚。(28)
安政五年（一八五八）	松下村塾増築、塾勢盛ん。再度野山獄へ。『討賊始末』の原稿を獄中に持ち込む。獄中の久子と再会。「草莽崛起」論主張。安政の大獄開始。(29)
安政六年（一八五九）	時事に憤激、獄中で断食。野山獄より江戸伝馬町の獄へ。『留魂録』成る。獄舎で死刑。(30)
明治元年（一八六八）	久子、釈放か。

誇らしげに喋るというようなイメージがあります。「いさをし」という言葉にそんな感じがします。しかし『全集』の元版(『全集』定本版、全十巻)では、編纂者の広瀬豊さんが直接高須家から得た史料として載せられています。それには、「高須未亡人の数々のいさしをものがたりし跡にて」とあり、そこでは、「いさをし」ではなく「いさし」なのです。これは普及版を作るときに間違ったものと思われます。もとは「いさし」です。「いさし」を辞書で引いてみても出てきません。そうすると、「高須未亡人と数々のこまごまとした話をした跡で」ということになります。そこでは「いさし」とは「子細」の意で、細かなことという意味であろうと注釈をつけています。そうすると、「高須未亡人と数々のこまごまとした話をした跡で」ということになります。そこでは「黒船」に乗り込もうとしたことも話したでしょうし、久子も自分がなぜ獄に入れられたのかということを、子細に話し、松陰と語り合うというイメージが浮んできます。その中で歌われたものだとすると、「清らかな夏木のかげに……」、「懸香《かけこう》のかをはらひたき……」という歌は相聞歌に近づいてきています。細々《こまごま》した話の中に、自分はなぜ獄に入れられたかというと、それは差別された人々に対して「平人同様」に扱ったのだが、ということも話したでしょう。そこのあたりが松陰の琴線に触れるところがあったのであろうと私には思われます。

松陰の獄制改革案を見ますと、罪を犯すというのは人間が病に罹《かか》ったようなものだ、病に罹ったらその病を治療すれば元の人間になれる、と松陰は主張しています。だから、獄中の囚人を酷《ひど》く扱ったり、差別したりすることはおかしい。人間はそもそもは善なのだという性善説ですね。

少なくとも松陰はこの性善説の立場で人間を見ようとしていました。あるときに、松陰は奥州まで行きましたが、そこでアイヌの人々が悪賢い商人に搾り取られている状況を見て、「夷《えびす》も亦《また》人のみ」と、アイヌも人間だからそのようにするのはけしからん、といい、当時としては社会的な身分差別をされる人々を含めて、みんなを人間として平等に見ようとしているのです。

このような考え方と久子が獄に入った理由とが重なり合って、松陰自身は久子とおおいに共鳴するところがあったと思われます。しかし、獄中で知りあった男と女ですから、そんな屁理屈を言わなくとも構わないし、好きになることもあり得るのです。まして松陰は二十五、六歳ですから一回り年上の女性に、ほのかな気持ちを持ちはじめたことはあって不思議はありません。男性の初恋は年上の女性であったりするのは、例えば中河与一著『天の夕顔』を見ますと、そのような状況が出てきます。

一昨年（一九九九年）にNHKで『松陰と女囚と明治維新』をドラマにしたいと、雪が降る頃にディレクターと脚本家が打ち合わせにやってきました。それは翌年一月三日、正月ドラマとして放映されました。「蒼天の夢」というものです。そのときに高須久子役を誰にしたらいいだろうかと協議の結果、天海祐希《あまみゆうき》さんになりました。高須久子が天海祐希さんほど美人だったかどうかはわかりませんし、あれほど大柄かどうかは別として、それが放映されるといろいろな反響もあり、内部で賞をえたようです。

久子と松陰のこうした関係は、それまで研究者の間でもそんなことがあるか、それは文庫本の作家の世界であって、そのようなことはあり得ないと断言されている方もいました。なぜあり得ないと断言されるのか私にはわかりません。二十代半ばの男性と一回り年上の女性との間で相聞歌をやりとりするような関係があり得ないというのには、松陰が聖人君子であるということを大前提にしてのことでしょうけれど、そういう固定観念に囚われていると、松陰の生き生きとした人間性を見失ってしまいます。

最近では松陰から若者が離れていき、昨今は修学旅行の高校生も松下村塾にあまり行かなくなってきているといわれています。たまたま行った高校生も、「これは松下幸之助の塾か」と言ったりするというのです。今は中小企業の方たちが多く来られるそうです。それは人づくりに関心があり、どうしたら人間教育ができるか、あるいは経営主と従業員との関係ができるだろうかという問題意識だそうです。私の友人がその案内役をしたりして、そういう方がたが多くなったと言っていました。

高校生にとっては、老成化したようなイメージの、神様みたいな松陰として受けとめられているのでしょう。松陰と呼び捨てにしてはいけない、松陰先生と呼びなさいといわれたりしますが、このようなことばかりにこだわるのはどうでしょうか。

それは歴史上の人物を尊敬する意味ではいいのですが、神棚に祀り上げられてしまうと、若者が近づけないということになります。さきにふれた『松陰と女囚と明治維新』を書いたときにも、それでいいのではないかという人と、とんでもないという方のと賛否両論がありました。しかし、だんだん若い人たちが、それを受け入れてくれ、イメージも多少変わってきたようです。

9　松陰の人間観・平等観のカギ

しかし、なぜ松陰が同じ人間であるという平等観を持ったのだろうかという課題は、私の長年の懸案でした。きっとなにかきっかけがあったに違いないと考えました。次頁の杉氏略系図をみてください。そのなかに、大次郎矩方(吉田松陰)の女姉妹四人がおり、一番最後に敏三郎という人物がいます。この敏三郎と松陰は齢が十五はなれていますが、風貌が松陰によく似ていたといわれています。松陰の兄梅太郎の子、吉田小太郎の書いた伝記もあります(「叔父杉敏三郎伝」)。ところが敏三郎は「聾唖《ろうあ》」で耳も聞こえず口も利けないのです。このことを松陰は次のように書いています(「戊午幽室文稿」安政五年)。

吾が弟敏《とし》生まれながらにして唖《おし》、今已《すで》に十四なり、面目動止、凡《およそ》人に異るなし。其の字を写し書を模すること、頗《すこぶ》る善人に肖《に》る、亦《また》人間書あり説くべくして、己れ独り通ずる能はざるを知る。人の書を読むを見て、或は黙然注視して去らず、或は喃喃《なんなん》語を習ひて已《や》まず。蓋《けだ》し或は人の姓名若《も》しくは食物器具日用切近の称《しょう》謂《い》の字面を知り、又粗《ほ》ぼ字に異体あり読に廻環《かいかん》あるを悟る。而して遂に読み且《か》つ通ずる能はざるなり。

弟の敏三郎は生まれながらの「唖」だ。十四歳である。しかし、彼は普通の人と異なるところなく、字を写しとったりしている。人の読むのを見てそれを知ったり、読んでいるのを眺めたりしている。また、人の喋る言葉をまねようとするが、なかなか表現はできない。だから考えたり、理解力もあるけれども、結局、人と言葉で通じることができない、と松陰は述べているのです。

身内の中に身体障害者がいるということは大変なことです。今でこそ社会的にある程度認められています。今日も（二〇〇二年十月十六日）第六回ＤＰＩ（Disabled People's International，障害者イ

杉氏略系図

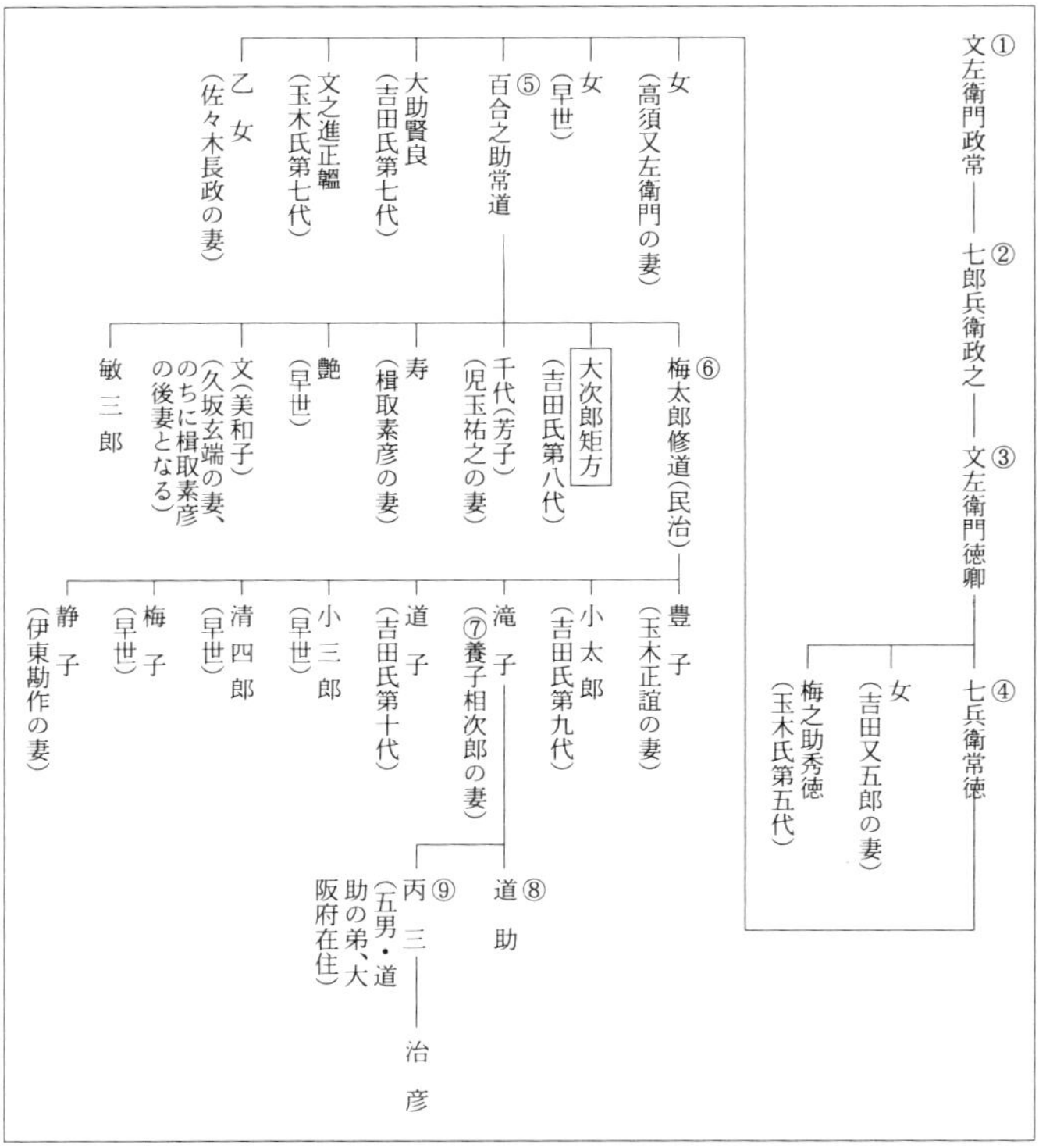

（注）山口県立山口博物館編『維新の先覚　吉田松陰』より掲出。

ンターナショナル)世界会議札幌大会が開かれていて、ホテルのロビーに行くと車椅子の方たちがたくさんいらっしゃいます。

障害者に対する目は、戦後五十年近くなってようやく日本の社会の中に定着し始めたのです。戦前はおそらく車椅子で外に出向いている人は見かけなかったと思います。

これもささやかな体験ですが、アメリカのハーバード大学に招聘されて研究をしていた時、郊外の町に住んでおりました。トロリーバスで大学まで通っていました。バスには毎日毎日髪の毛や顔の色の違った人が乗りますから、そのこと自体も多民族国家として興味を持って眺めていました。その途中に施設があって、白い杖をついた人がそこで乗り降りします。白い杖の人が降りるとき、他に降りる人がいればその人が連れて行くのですが、降りる人が誰もいないときには、運転手さんがブレーキをかけて、連れて降ります。それだけでなく、さらに道を渡った施設への道のところまで連れて行くのです。その間、二、三分かかることがしばしばあります。たぶん日本ならイライラした声が掛かってきそうだと思いますが、そこは社会的訓練ができているのでしょう。当たり前だと乗客は悠然と見ているのです。私はアメリカ社会のすべてがいいとは思いません。しかし、こうした社会的訓練は積まれているように思いました。日本ではこうした社会的意識や訓練はまだまだです。

これまで日本では身体障害者の人たちは社会的には虐げられてきました。身内の中にこうした人がいると、なぜこの子はそうなったのか、なぜ自分の身内がそうなのだろうか、思い悩みます。そして、つきつめて人間とはいったいなんなのか、という本質の問題を考えるようになっていかざるを得ません。おそらく松陰もそのように感じたのだと思います。

次に紹介しますのは、碧瑠璃園著『吉田松陰』（明治四十二〜四十三年）という作品の前篇の一部です。

あはれ此の児、不運不幸なるこの唖の児、そなたの為に母親は狂気の如く泣き悲しみたまふ、そなたが有《あ》るが為に、杉の家に黒き雲は間《ま》なく掩《おお》ひ、そなた有るが為に、母様《ははさま》の御心にご苦労は絶ゆる時無し、家の為め、母の為め、敏三郎を抱《だ》き取りて何処《いくつ》へか立ち退《の》かんか、敏三郎を一刀に切り捨てゝ、母様御苦労の根を絶たんか。彼の胸には悲しき心泉の如く湧《わ》きぬ、されどそは稲妻の忽《たちま》ち閃《ひら》めきて忽ち消ゆるが如き瞬間の光なりき、次にはあはれ此児、一代の山梔《くちなし》の物云はで果てぬらん、医師の力には及ぶまじきも、神の御力には能ふかも知れじ、われに命あり、われに誠あり、この命を犠牲《いけにえ》にして宮崎八幡の御利益《ごりやく》に待たば、一心貫通敏三郎の舌動く時あるかも知れじ、さなり我れは……。

（原文は総ルビ。その一部を残した）

ここには松陰が母親の苦労を考えると、ひとおもいに斬り捨ててしまいたいくらいの思いだと述べられています。これは身内の誰にとっても重い事実として覆いかぶさってきますが、それは苦しみの果てしだいに祈りともなり、やがてやさしいまなざしで人間を見つめることになってくるのです。

嘉永三年(一八五〇)十二月、九州遊学のとき、松陰は肥後熊本で加藤清正《かとうきよまさ》(一五六二〜一六一一)の廟に詣で、敏三郎の身体も動作も普通の人と異なることはないのに、なぜ「聾唖」なのだろうか、「豈《あ》に深憐重痛すべからざらんや。区々禱《いの》る所、神其れ降監《こうかん》したまへ」(「西遊日記」)といっています。何とか治してほしいと祈るのですが、どうにもなりません。

松陰は安政五年(一八五八)の「戊午幽室文稿」の「又書す」の中に次のように書いています。敏三郎が何かを言おうとしているにもかかわらず言葉が出ないので、いわんとすることが通じないのと、松陰みずからの尊攘の志が通じないこととを重ねて、「嗚呼《ああ》、吾《わ》れの尊皇攘夷も、何ぞ以《もっ》て此《こ》れに異らん」と。

つまり、敏三郎が相手に何かを伝えようとしても、なかなか伝えられない。自分はいま対外危機に対して尊攘運動をして尊攘思想をいろいろ説いているが、なかなかわかってもらえない。自分の意思が相手に通じないということでは、敏三郎も自分も同じではないか、というのです。そして、「彼《か》の蒼なる者は天にして、一視同仁なり」と述べます。天は蒼くして、身体障害者であろうと普通の人間であろうと同じように見ているのだ、「悲しまんか笑はんか。吾れ其の決して之を罵《ののし》るに至ざるなり」という語を残しているのです。

このように弟敏三郎の「聾唖」の問題をきっかけとして、松陰は「いったい人間とは何か」というもっとも根元的な思考に及んでいるのです。それは高須久子の差別に対する抵抗とも言えることに共鳴する視点へとつながっていきます。

10 「討賊始末」と久子

松陰の「討賊始末」という一文は、文政四年(一八二一)におこった事件について書いたものです。宮番《みやばん》といって差別された身分の人たちがおりました。宮番幸吉の妹の亭主の枯木《かれき》龍之進は、幸吉に怪我をさせ、幸吉の妻登波《とわ》の父親の甚兵衛と弟の勇助を殺してしまいます。龍之進と妻松との離縁話のもつれがその原因で、龍之進も被差別の人だったということです。枯木龍之進に自分の父親や弟を殺され、亭主が重傷を負った登波は、十数年にわたって仇を捜して日本中を駆け巡ります。ようやく仇を見つけ仇討願いを藩に出しますが、それは認められません。そして、藩が誅伐《ちゅうばつ》しようと枯木龍之進を捕らえますが、龍之進は自殺してしまいます(略図参照)。

これは長州藩の安政改革の過程で、孝行物語にされ、登波は節婦・孝道の鑑として顕彰され、登波の身分は解かれます。のちに安政改革のリーダーとなる周布政之助《すふまさのすけ》(一八二三〜六四)がこれを推進します。そして顕彰の碑文を獄中の松陰に頼みます。登波は平民になりますが、松陰は、その碑文の草稿に熱情をかきたてられ、獄から杉家の幽室へと移った時、一か月間すべての交友を絶って全力をこれに注ぎます。そして作った原稿を幽室から再び入獄した獄中に持ち込みます。その原稿に書いたことは、「戊午《つちのえうま》(安政五年)の冬、登波特に良民に

登波関係図

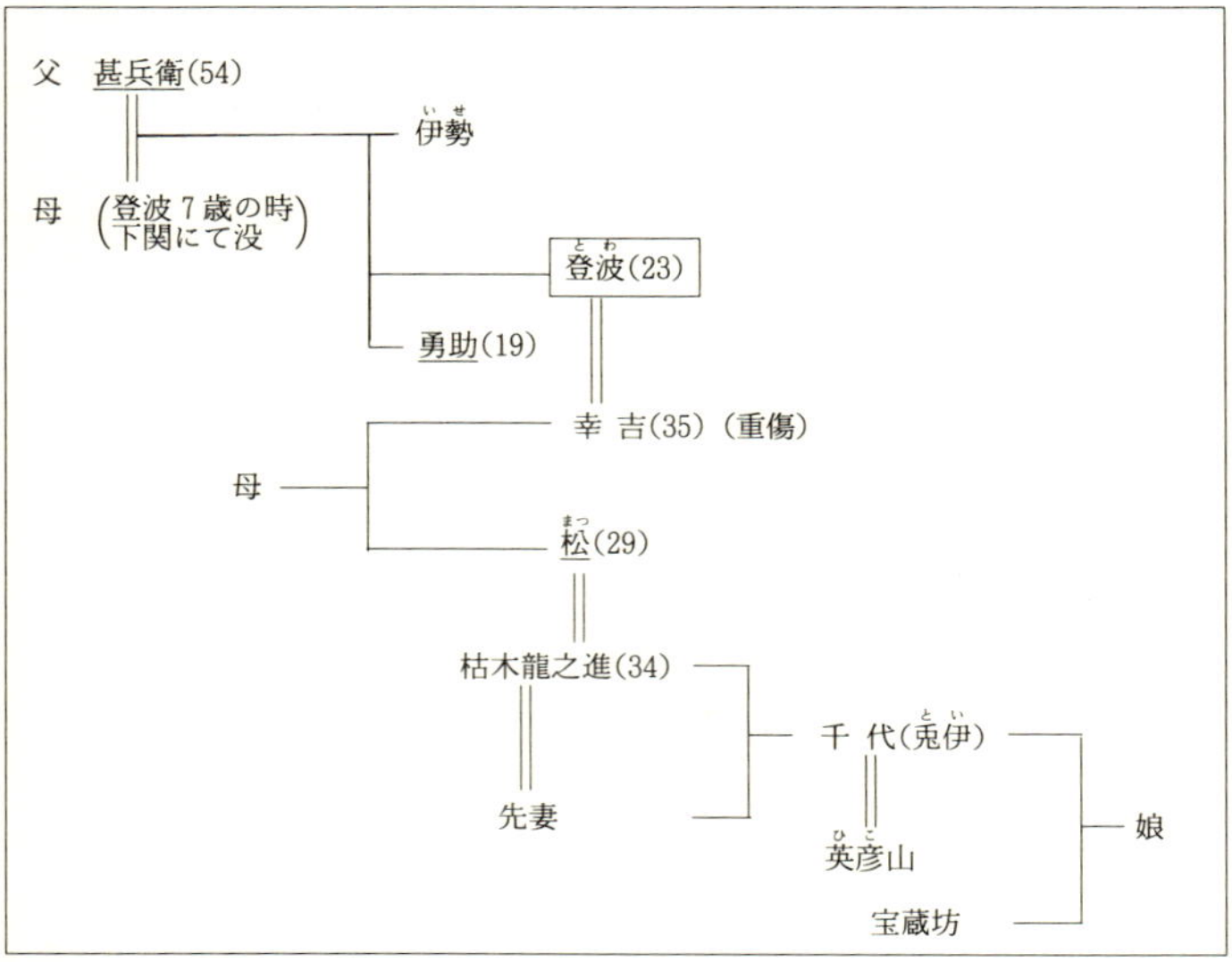

（注）カッコ内数字は事件時の年齢、下線は事件で殺害された人。＝は結婚を示す。
抽著『松陰と女囚と明治維新』179頁より。

歯《し》す（列する）。而《しこう》して公輔《こうすけ》（周布政之助）は則ち去りて他の職となり、建碑の事遂に復《ま》た議せずと云ふ。重ねて識《しる》す。己 未《つちのとひつじ》（安政六年）五月。」とあります。

この日付から見て、松陰がいったん獄を出て、杉家で松下村塾のことなどに関わり、また獄に入れられたときに、獄外で書いた原稿を獄中に持ち込んでいることがわかります。なぜ獄中にまた持ち込んだのかについては、原稿にさらに手を入れるということもあろうかと思いますが、おそらく差別された人たちを解放するというこの文章を、獄中の久子に見せたいと思い、持ち込んだのではないかと推測されます。追記で、これを獄中でまた記す、というところには深い意味が読みとれます。

ここに安政六年（一八五九）五月に、松陰の江戸送りが決まったときの久子の歌があります。

「手のとはぬ雲に樗《おうち》の咲く日かな」（「手のとはぬ」とは「手の届かぬ」の意で、樗は「せんだん」のこと）というものです。松陰はせんだんのように私の手の届かない人だと久子は詠い、松陰は江戸送りのときに「高須うしのせんべつとありて汗ふきを送られければ」と前置きして、「箱根山越すとき汗の出やせん君を思ひてふき清めてん」と詠み、さらに「高須うしに申上ぐるとて」として、「一声をいかで忘れん郭《ほととぎす》公」と詠いました。最後の別れのときに一枚のハンカチを渡してくれたあなたを思いつつ、箱根の山を越えたときに汗を拭くというのです。ストレートな歌だと思いますが、あまり上手な歌だとは私には思えません。「いかで忘れん郭公」の「郭公」は松陰自身のことです。これは安政二年（一八五五）に久子が詠った「鴫立つてあと淋しさの夜明かな」と相応ずるものがあるのではないかという感がしてなりません。

この「鴫」ですが、ヘンの甲の縦棒が抜け出ていなければ、「鴫《しぎ》」となります。「鴫立つてあと淋しさの夜明かな」です。この方が句としてははるかに品格があるように思えます。当時、松陰の号は子義《しぎ》でしたから、「鴫立つてあと淋しさの夜明かな」というのではストレートすぎ、すぐ松陰ということがわかるので、やや品は下がるけれども「鴫立つてあと淋しさの夜明かな」と苦心したのかもしれません。そこには女性としての切実な思いがこもっているように思えます。そして数年後、松陰が獄を去り、久子との最後の別れのときに、「一声をいかで忘れん郭公」と松陰は詠いました。これをどう解釈するかは読者の方がたにお任せしますが、明らかに相聞歌と言っても間違いないでしょう。こうして松陰は安政大獄の露と消えていきます。

11 松陰のまなざしと小国主義

松陰の発想の根源には、身内の弟敏三郎が「聾唖」という身体障害の問題があり、それがきっかけとなり、「人間とは何か」ということを、松陰は根元的に考えるようになったと思います。それはいろいろな形で出てくると思いますが、今後の課題です。

従来の吉田松陰の解釈には、この問題がすっぽりと抜け落ちています。しかし、そこから政治思想、社会思想などを重ね合わせてもう一度見直してみるのがよいのではないでしょうか。その場合に、松陰が天皇を絶対化したのかという問題があります。日本の場合には天皇は別格で、明治に「一君万民」という天皇を別として、「四民平等」といわれる発想があります。松陰の発想はその原型ともいえるでしょう。もちろん人間を平等に見るという考え方は松陰だけではなく、この頃になりますと社会思想として出てきます。安藤昌益《あんどうしょうえき》（一七〇三〜六二）は江戸中期に働く者の平等を説き、司馬江漢《しばこうかん》（一七四七〜一八一八）も天子も農民も同じだと言っています。それはしだいに社会の思想の流れとなっていきます。松陰はその流れの中でみずからの人間観によって松下村塾の教育を行ないました。松下村塾の教育思想については、いくつも研究があります。しかし、その根源がどこから起こったのかについては、今まで必ずしも解けていませんでした。

松陰のまなざしは強者の目ではなく、弱者をみる目です。勝者に対する敗者のまなざしというと、弱者と敗者は同じかということになりかねませんが、弱者、敗者の立場から歴史を見るということは大事なことです。足を踏んだものには、踏まれた方の痛みがわかりません。しかし、踏まれた側は痛くて忘れません。日本の近代史は戦争につぐ戦争で、ずうっと踏んだ方を日本は目指していたのです。初めて踏まれた立場に立ったのが敗戦の一九四五年(昭和二十)八月十五日です。ところがこの敗者の立場、踏まれた側の問題を、活かそうとするのではなく、もう一度踏んだ側に早くなりたいと思っているのではないでしょうか。昨今の状況はそうとしか思えません。

この踏まれた側の発想が、大国主義に対して小国を目指す道で、アンチ大国主義です。明治の初年から日本の中には、この小国への選択肢もありました。明治初年の岩倉使節団が、どのような国づくりをしようかと、明治四年(一八七一)から六年にかけて米欧十二か国を回った報告書が『米欧回覧実記』(五編五冊。岩波文庫版五冊)です。これは全部で百巻ですが、それを見ますと、アメリカ二十巻、イギリス二十巻は別格として、やがて日本がモデルにしたドイツ(プロシア)が十巻、ところが小国のスイス、ベルギー、デンマーク、オランダなどを合わせるとそれだけで十巻強になり、スウェーデンを入れると十二巻強になります。少なくとも『米欧回覧実記』百巻のうちの巻数の比重は、ドイツ十巻に対して小国は十二巻強という比重がかかっていることがわかります。この比重のかけ方は当時の留学生の数でもほぼ論証ができます。

日本がひたすら大国を目指してプロシアをモデルにして、ドイツ帝国のようにアジアの中のプロシアの道を選んだようにみえますが、それだけの選択肢しかなかったのではありません。ベルギー、オランダ、スイス、デンマークのように、小国は小国なりに目指したらよいのではないかという小国モデルの考え方は、自由民権運動の思想の中に出てきますし、植木枝盛《うえきえもり》（一八五七〜九二）の憲法草案にも小国的発想の憲法草案があるのです。中江兆民は小国主義をはっきりとなえます。しかし、そのような考え方はやがて日清、日露戦争の大国への道によって抑えつけられます。抑えつけられても日露戦争中の反戦運動や非戦運動、あるいはクリスチャンの主張として出てきます。しかし、これもまた抑えこまれてしまいます。

大正デモクラシー期には「小日本主義」として小国主義は主張されます。これは東洋経済新報社を中心として石橋湛山《いしばしたんざん》（一八八四〜一九七三）、三浦銕太郎《みうらてつたろう》（一八七四〜一九七二）等が専制主義や軍国主義や大国主義に対して個人主義や産業主義や平和主義をそれに対置するものとして主張します。これが「小日本主義」です。これもまた抑えこまれ、昭和になってからは、司馬遼太郎さんがいうように、「魔法の森」に迷い込んでしまい、戦争へと転げこんで行きます。敗戦の八月十五日で大日本帝国が崩れ去ったときに、小国主義がふたたび表面にでてきます。それは昭和二十年十二月二十六日に発表された、民間の高野岩三郎《たかのいわさぶろう》（一八七一〜一九四九）らのグループの憲法研究会の草案に象徴されます。

この憲法草案（「憲法草案要綱」）は人民主権を認め、男女平等もはっきりといい、労働の権利も認めていますが、ただし、軍備の問題には触れていません。この草案を書いたのは鈴木安蔵《すずきやすぞう》(一九〇四～八三)という憲法学・憲法史の研究者ですが、彼は戦前から植木枝盛の研究をしていましたので、自由民権運動の憲法草案をよく知っていました。それを下敷きにしてこの憲法草案を作ったのです。

もうこのときにはGHQから憲法改正の問題が日本政府に提起されているのですが、この民間の憲法草案には日本政府は見向きもしません。見向きもしないのは大日本帝国憲法の第三条の「天皇ハ神聖ニシテ侵スヘカラス」というところの改正案を見てもわかります。

この「神聖」というところを「至尊」と変えて「天皇ハ至尊ニシテ侵スヘカラス」という言葉の言い換えでやり過ごそうとしていたのです。基本的には変えようとしていないのです。

高野らの憲法草案に注目したのがGHQでした。GHQは直ぐにこれを翻訳して、一九四六年(昭和二十一)一月十一日、民政局長(陸軍准将)ホイットニーやラウエル中佐が所見を発表し、これがGHQのいわゆるマッカーサー(一八八〇～一九六四)草案の参考にされます。このようにして明治以来の歴史的伏流としての小国主義は、GHQを媒介として日本国憲法に流れ込んでいきます。

この日本国憲法の人権問題の素案を作ったベアテ・シロタ・ゴードンさんは、当時のGHQの中で一番若い女性でした。両親が音楽家で日本で生活をしていました。彼女は幼い頃日本で七年間過ごし、日本の女性や子供の生活も知っていました。アメリカに帰って大学で学んだのち記者・編集者などを経て、GHQのスタッフとして一九四五年十二月二十四日に日本に来ます。そしてGHQの憲法草案の人権問題のところを任されます。

先日(二〇〇二年十月十三日)、七十八歳のシロタ・ゴードンさんが札幌に講演に来られ、お会いしてお話をお聞きしました。彼女は、さきの民間の憲法草案や日本社会党の案などは民政局のキー・パーソンだったケーディス大佐から聞いた、といっていました。

また、彼女は、土井たか子さんと会ったら、あなたは憲法の素人だったと批判されるが、素人だったからあのような人権条項案が早くできたのだ、弁護士だったらとてもこんな短期間ではできない。専門家だったらできないことが、素人だから逆にできたのだと土井さんが言ってくれた、ともいっていました。

彼女は語学にたけていましたから、各国の憲法を参考に人権規定の条文をいろいろ作るのですが、周りのGHQの男性から次々に削られてしまうのです。それで彼女は泣き出してしまったそうです。アメリカが先進的かというとそうでもなく、アメリカの方がはるかに日本よりも遅れているところもあり、憲法規定に女性という言葉すら出てこないと言っていました。GHQ内でもそういうことがあったわけですね。そうした中で人権規定案は作られました。これも日本国憲法第九条と同じで、大変重要な意味を持っています。ですから、いま憲法「改正」が日本で進められようとしていますが、「改正」によってそのもっとも大事なものが無くなってしまうのではないか、とシロタ・ゴードンさんは警告を発しておりました。

いま簡単に述べましたが、日本国憲法のなかには、日本の歴史的水脈としての小国主義の主張が含まれています。私は岩波新書に『小国主義』（一九九九年）という本を書きました。各地のミニコミや研究会には取り上げてもらっております。一度是非手にとって読んでみてください。

明治からずうっと大国主義に抑えられた小国を目指した道があって、それがＧＨＱという媒介を通じて初めて日本国憲法に流れ込んだということを、ここで確認しておきます。ですから、簡単に日本国憲法はＧＨＱの「押付け憲法」といってほしくありません。強制のあったことは否定しませんが、内容はむしろ日本の歴史的水脈を日本政府が見向きもしないで、ＧＨＱの方が取り込んで日本国憲法ができたといってよいのです。それが日本国憲法の体制として、五十年以上も戦争をしないできました。この事実は大きなことです。

これらのことを、ここでテーマにしました松陰の問題に則していえば、踏まれた側の立場に立つ松陰のまなざしといえます。それは大国主義に対して小国主義だと思いますが、そのまなざしに立って毅然として主張するところに、日本国憲法の大きな理念があるはずです。

先ほども述べましたように、シロタ・ゴードンさんは「日本は二十一世紀の一番先進的なところで、憲法を持っているのではないかと思います。それを改正するということは私にはなかなか理解できません」と語っていましたが、日本国憲法のもとの素案を作った立場であったからこそ、そのように断言できるのではないかと思われます。これは我々一人ひとりがじっくり考えてみていいのではないかと思います。そういう意味合いを含めて松陰の問題もいまの流れの中におけば、あらためて見直される松陰像ということになるのではないでしょうか。

〈参考〉

田中　彰『松陰と女囚と明治維新』（ＮＨＫブックス、一九九一年）

田中　彰『吉田松陰』（中公新書、二〇〇一年）

田中　彰『小国主義』（岩波新書、一九九九年）

「脱亜入欧」と近代日本

「征韓」論反対の内実

明治六年(一八七三)九月十四日、岩倉具視《いわくらともみ》(一八二五〜八三)は正院で復命した。ところが、当時の政府部内は揺れに揺れていた。いわゆる「征韓」論問題でわきかえっていたからである。すでに西郷隆盛《さいごうたかもり》(一八二七〜七七)を朝鮮へ派遣することは一応決められていたが、正式には岩倉使節団が帰国して決定することになっていた。

留守政府のメンバーが「征韓」に賛成し、米欧回覧から帰国した使節団の人びとがこれに反対し、「内治優先」を主張したというのが、教科書風の通説である。もっとも「征韓」強硬派の西郷は、実は必ずしも「征韓」即行を期したのではなく、「あくまで交渉による朝鮮国との修交をもとめたのであって、そのために使節就任を切望した」のだ、という意見もある(毛利敏彦『明治六年政変』一一八頁、中公新書、一九七九年)。

考えてみると、明治六年の「征韓」論に使節団＝外遊派は反対するけれども、翌明治七年（一八七四）には大久《おお く》保利通《ぼ としみち》（一八三〇～七八）らは台湾出兵をしているし（木戸孝允《き ど たかよし》は反対）、八年になるといわゆる江華島事件をひき起こし、こんどは木戸が積極的に朝鮮への強硬策を主張している。いや、そもそも「征韓」論は、明治初年から木戸孝允（一八三三～七七）などによってとなえられていたものだ。

とすれば、「征韓」論反対は「内治優先」だけでは片付かない。

では、いったい「征韓」論反対とは何だったのか。

もとより、「内治優先」が焦眉の急であることは、世界の大勢を見た岩倉使節団が欧米で痛烈に実感したところである。だが、使節団の留守中に、国内政治の主導権は、徐々に肥前および土佐派に移っていた。西郷隆盛（薩摩）・板垣退助《いたがきたいすけ》（一八三七～一九一九）（土佐）・大隈重信《おおくましげのぶ》（一八三八～一九二二）（肥前）の諸参議のほかに肥前から江藤新《え とうしん》平《ぺい》（一八三四～七四）と大木喬任《おお き たかとう》（一八三二～九九）が加わり、土佐からは後藤象二郎《ご とうしようじ ろう》（一八三八～九七）が参議になった。参議の数からいっても、肥前・土佐派が多数を占めていた。

なかでも、江藤新平を中心とする肥前派が実力を振い、司法権を握る江藤は、長州系の山県有朋《やまがたありとも》（一八三八～一九二二）や井上馨《いのうえかおる》（一八三五～一九一五）をめぐる疑獄事件を、つぎつぎに摘発しつつあった（拙著『近代天皇制への道程』一七三頁以下参照、吉川弘文館、一九七九年）。

いまここで「征韓」論に賛成したら、内政・外交とも主導権は、留守政府の彼らの手中に落ちてしまうではないか。しかも、彼らは、出発前の「約定」十二か条、つまり留守中には新規の人事や新しい政策を実施しないという約束を踏みにじっていたのだ。

大久保と木戸とは、米欧回覧中に違和感をいっそう深めてはいたものの、こうした状況を前にしては、共通した米欧体験を背景に、「征韓」論に関する限りでは一致してこれに反対した。木戸にとっては長州系の疑獄事件摘発も大きく作用した。

結局、この「征韓」論問題は、国内政局転換のテコとなり、明治六年十月の政変で、西郷・板垣・江藤以下の「征韓」派参議のいっせい下野という形で結着がつけられた。このとき、肥前出身の大隈と大木は、薩長側に与《くみ》し、閣内にとどまった。

これは岩倉使節団の帰国後、わずか一か月半たらずの間のことである。

大久保政権と米欧体験

明治六年十月政変直後の政府の陣容をみると、参議は大久保(薩摩)・木戸(長州)・伊藤博文《いとうひろぶみ》(一八四一〜一九〇九)(長州)・大隈(肥前)・大木(肥前)・寺島宗則《てらしまむねのり》(一八三二〜九三)(薩摩)・勝海舟《かつかいしゅう》(一八二三〜九九)(幕臣)で薩長肥各二、幕臣一で土佐は一人もいない。各省の卿(長官)および次官クラスまで含めると、薩長各五、肥二、幕臣一である。このうち肥前の二人は大隈・大木だから、もはや薩長派といってよい。つまり、明治六年十月の政変で、大久保以下の外遊組を中心とした新しい薩長派が主導権を握ったことになる。

この新薩長派が政府の主導権を握るや、大久保はその年十一月に内務省を設置し、みずから内務卿となった。以来、明治十一年(一八七八)五月、彼が暗殺されるまで、政府の中心には大久保があったから、これは大久保政権とよばれている。

この大久保政権の前提には、これまでみてきた岩倉使節団の米欧体験があり、そのめざすところには、この前提から発する日本の近代国家＝近代天皇制の創出があった。

岩倉使節団はたしかに条約改正問題では失敗した。それだけにこの使節団は、欧米の近代国家とそのあり方を、あらゆる面にわたってつぶさに見聞し、鋭い考察をすると同時に、十九世紀七十年代の弱肉強食の国際政治の現実が、どのようなものであるかを思い知らされたのである。

だから、産業革命を経た資本主義の発展を背景に、近代国家として形成され、また形成されつつあった欧米の「大国」や「小国」から、何を学び何を捨て、そこから、いかにして後発国としての日本の近代国家をつくりあげていくか――それが、この大久保政権の最大の課題であった。それは以後の明治政府に引き継がれてゆく。

対外認識の基本と近代国家像

その明治政府の対外認識の基本には、第一に、欧米文明に対するいわゆる文明信仰があり、第二には、アジアの「未開」、とりわけ東南アジア「野蛮」観があった。この第一と第二とは一体のものであったから、必然的に第三として、日本の文明化は「脱亜」、そして「入欧」によってなされるという発想があったのである。それは岩倉使節団が米欧回覧でえた確信であった、ともいえよう。

しかも、この基本認識をもった岩倉使節団は、アジアのなかの日本には、「入欧」の能力があると自覚し、自負していた。そして、欧米の近代化の成果は、ここ半世紀たらずのものにすぎないという認識から、この落差を日本がいかに急速に埋めていくか、そこに日本の取捨選択の能力が問われるとみた。『米欧回覧実記』のなかでは、この能力は、ときには「能ク他ノ智識ヲ学ビ取ル」ということばで指摘されていたのである(『「脱亜」の明治維新』NHKブックス、一九八四年、一六三頁参照)。

では、明治政府が目標とする日本の近代国家像=近代天皇制は、木戸や大久保の憲法制定ないし立憲政体に関する意見書には、どのように反映していたのか。

木戸の「憲法制定の建言書」は、明治六年(一八七三)七月、木戸の帰国直後に出された。それはプロシア憲法を下敷きにした「同治憲法」であった。「同治」とは「君民同治」の意で、それは人民との協議を経た立憲制の憲法が究極的には必要であることを意味していた。

大久保の「立憲政体に関する意見書」は、同年十一月に提出される。大久保は「民主政治」と「君主政治」とを分け、各国の例をひいてその一長一短を考察し、そのうえで「欧洲ノ一島国」イギリスを念頭において「君民共治ノ制」を提起していた。
両者とも、十九世紀七十年代の世界情勢と近代的ブルジョア国家を認識しつつ、後発国日本の近代天皇制を模索したものであった。したがって、当面の日本の現状においては、木戸のことばでいえば、天皇の「英断」による「独裁の憲法」をつくり、他日の「同治憲法の根種」にしなければならない、というのである。木戸がその日記（明治六年十一月二日条）に、「建国の大法はデスポチックに無之《これなく》ては相立申間敷《もうすまじく》」と書いたのは、後発国日本の条件未成熟の現状下での「独裁」の手続きを示したものにほかならない。大久保もまた、民主および専制の政体の折衷によって、天皇中心の「独立不羈《ふき》ノ権」を確立しなければならない、と述べた（前掲拙著『近代天皇制への道程』一五〇～一五七頁参照）。

木戸と大久保のこの憲法制定の構想と目標は、いうなれば現実のブルジョア国家を認識し、その認識のゆえに、後発国日本の未来のブルジョア国家を射程において、当面天皇への権力の集中によって近代国家の創出をめざしていた、といってよい。その背景には、岩倉使節団としての欧米での見聞と体験があったし、この天皇への権力の集中が、やがて明治政府の路線を規定する伏線ともなるのである。

殖産興業政策

こうした国家目標のもとに、大久保政権の諸政策はうち出される。

大久保は、すでに指摘した内務省を中心に、その両翼を工部省（工部卿伊藤博文）と大蔵省（大蔵卿大隈重信）で固め、殖産興業政策をすすめた。大久保の「殖産興業に関する建議書」（明治七年五、六月頃）をみると、彼の念頭には、あのイギリスで目のあたりにした英国の「富強」の姿があったのだ。彼はいう。

按《あん》ズルニ英国ノ如キハ僅々タル一小国ノミ、然レドモ島嶼《とうしよ》ノ地ヲ占メ、港湾ノ便ヲ得テ、其国《そのくに》鑛物ニ富ム、故ニ彼ノ政府政官ハ、此ノ天然ノ利ニ基キ、之《これ》ヲ補修シテ盛大ノ域ニ到ラシムルヲ以テ、義務ノ至大ナル者トシ、其君臣相倶《あいとも》ニ意ヲ茲《ここ》ニ用ヒテ宇内運漕ノ利ヲ占有シ、大ニ国内ノ工業ヲ振起セント欲シ、奮然トシ前古殊別ノ航海法ヲ制定セリ、其法ハ英国ノ船ニアラザレバ外国ノ物産ヲ輸入スル事ヲ許サズ、又英国内ノ各港互ニ物貨ヲ搬運スルニ、外国船ヲ用フルヲ禁止セリ、其意蓋《けだ》シ一ハ以テ其国船舶ノ数ヲ増シ、国民ヲシテ航海ノ術ニ練熟セシムルニ在リ、一ハ以テ外国品濫入ノ路ヲ遮絶シテ内国ノ工業ヲ保護シ、之ヲ昌盛ナラシムルニ在リ、既ニ之ヲ施行スル事、其年久シクシテ、船舶大ニ増加シ、随ツテ海運ノ術益《ますます》長ジテ、諸国敢《あえ》テ之ト相拮抗《きつこう》スル能《あた》ハザルニ至ル、爾来《じらい》工業ノ程度愈《いよいよ》盛大ヲ極メテ、国内ノ産物之ヲ国内ノ人民ニ給シテ余リアリ、是《ここ》ニ於テ初メテ其禁令ヲ解キ、貿易ノ自由ヲ許セリ、是《こ》レ英国今日ノ富強ヲ致ス所以《ゆえん》ノ原由ナリ

これは『回覧実記』が、ビクトリア朝繁栄のカギがどこにあるかを指摘したところと一致しており、岩倉使節

団がイギリスで痛感したところでもあった。

そのイギリスと日本との落差の大きさや、ヨーロッパとアジアとの条件のちがいなどを使節団は自覚していたが、その自覚ゆえに、日本の「富強」のためには、両者の地理的・歴史的条件の異同を認識しなければならない、と大久保はいうのである。

「薄弱ナル者ヲ誘導督促」せよ

ここで『回覧実記』のイギリスに対する結論も、この大久保の認識とほぼ同じであったことを想起することは必要であろう（『「脱亜」の明治維新』NHKブックス、八八〜八九頁、一九八四年、参照）。

大久保は続けて、つぎのように述べる。


固《もと》ヨリ時ニ前後アリ、地ニ東西アリテ、風土習俗同ジカラザルヲ以テ、必《かならず》シモ英国ノ事業ニ拘泥シテ、之ヲ模倣ス可キニアラズト雖《いえど》モ、君臣一致シ、其国天然ノ利ニ基キ、財用ヲ盛大ニシテ国家ノ根抵(ママ)ヲ固《かた》フスルノ偉績ニ至リテハ、我国今日大有為ノ秋《とき》ニ際シテ宜シク規範ト為スベキナリ、況《いわん》ヤ我邦ノ地形及《および》天然ノ利ハ、英国ト相類似スルモノアルニ於テオヤ、特《ひと》リ我邦人ノ気性薄弱ナルノミ、其薄弱ナル者ヲ誘導督促シテ、工業ニ勉励忍耐セシムルハ、廟堂《びょうどう》執政ノ担任スベキ義務ナリ日本の人民の「気性薄弱」をみているところには、『回覧実記』が東西両洋を比較したときの日本に対する見方が反映しているし、だから〝上から〟これを誘導しなければならないというところも、使節団が米欧回覧の過程で自由と権力との関係のあり方を考察したところと一致している。

こうして大久保は、その殖産興業政策の方向を、つぎのように結論づけた。

能《よ》ク研究尋択《じんたく》シ、之《これ》ヲ人民ノ性情ト其智識ノ度トニ照応シテ一定ノ法制ヲ設ケテ、以テ勧業殖産ノ事ヲ興起シ、一夫モ其業ヲ怠ルコト無ク、一民モ其所ヲ得ザル憂《うれい》ナカラシメ、且之《かつこれ》ヲシテ殷富《いんぷ》充足ノ域ニ進マシメン事ヲ、人民殷富充足スレバ、国随ツテ富強ナルハ必然ノ勢ニシテ、智者ヲ俟《ま》ツテ後知ラザルナリ、果シテ如此《かくのごとく》ナレバ、諸強国ト輿《こし》ヲ並ベテ馳《はし》ル、亦《また》難キニアラズ（以上、引用は、『大久保利通文書』五、五六三～五六五頁、復刻版、東京大学出版会、一九六八年）

教育政策と対自由民権運動政策

それは教育政策においても同様だった。すでに、学制は岩倉使節団の米欧回覧中に頒布されていたが（明治五年八月三日）、使節団帰国後、文部省『理事功程』を刊行した田中不二麻呂《たなかふじまろ》（一八四五～一九〇九。岩倉使節団理事官、草案執筆は田中と調査に当った新島襄《にいじまじょう》)は、明治七年(一八七四)から明治十三年(一八八〇)にかけて文部大輔(一時、木戸が文部卿となる)として腕をふるい、学制の画一性を排して、明治十二年(一八七九)九月には教育令を発した。

これは自由教育令とよばれ、「教育ノ方法ハ、大政府ヨリ格別ニ注意セズ、各州ノ自定ニ任ス、(中略)故ニ全国一規ノ学制ハアラザルナリ」(『回覧実記』(一)、七〇頁)というアメリカの教育制度の発想をうけとめたものであった。

換言すれば、留守政府の机上案であった学制の画一性より、地域の実態に即応した制度にしようとしたものであり、それは幕藩体制下に蓄積された地域文化に対応した地方教育の育成をめざしたものであった、といってよい。

だが、この自由教育令は、同じ岩倉使節団のメンバーであった伊藤博文らによって批判され、修正されて、中央集権的なものとなる。明治十三年末のいわゆる改正教育令がそれである。これは翌明治十四年の政変による岩倉=伊藤の政治路線に副《そ》うものだった。

岩倉使節団の成果がとり入れられることによって、留守政府のすすめていた諸政策が修正されると共に、他面では、同じ使節団のメンバーによって天皇制中央集権化が促進されるのである。

それは大久保政権および、その後の明治政府の対自由民権運動政策にもあらわれる。

岩倉使節団が米欧回覧の過程で、自由と権力との関係をどう理解したかは、すでに指摘したが、通説とはちがって、明治政府は「自由」と「民権」の主張のもつ意味や、議会の果たす政治的機能を知悉《ちしつ》していたがゆえに、民撰議院設立の建白書に対しては、時期尚早論をもって対応すると同時に、先手をとって新聞の発行や言論の自由に対しては弾圧法をもって臨んだ。それは権力がブルジョア的自由を知らなかったからではなく、逆にそれを知り尽していたからなのである。

その意味では、明治六年十月の政変から明治十四年の政変にいたる明治政府の対自由民権運動政策の描く軌跡は、岩倉使節団の米欧回覧の成果の内実を前提としてはじめて理解できる、といえよう。『回覧実記』が明治十一年(一八七八)末に刊行され、その後明治十六年まで回を重ねて増刷され、一般読者への月賦による普及版すら刊行されている事実も、このこととあわせ考えなければならない。

「力」の対外政策

国内政策が右のようなものであったとすれば、対外政策もまた例外ではない。

前述のように、いわゆる「征韓」論に反対し、明治六年政変によって成立した大久保政権は、翌明治七年(一八七四)五月、台湾出兵をした。さらに明治八年には、樺太と千島との交換条約に調印し、小笠原諸島を内務省管轄下におき(明治九年)、また、「琉球処分」への道をひらいて、国境画定を急いだ。

それは岩倉使節団が米欧回覧中に国境線のもつ意味を痛感し、近代国家に不可欠な領域(国境)への認識を深めたと思われることと無関係ではない。

ところで、江華島事件(明治八年九月)に端を発する明治九年(一八七六)二月の日朝修好条規十二か条の調印をはじめとする対朝鮮姿勢の背後には、明らかに岩倉使節団のプロシア体験があった。

この調印に先立つ明治九年一月二十四日(中国、光緒元年十二月二十八日)、使節団滞米時の駐米少弁務使(のち代理公使)だった森有礼《もりありのり》(一八四七〜八九)は、当時駐清公使であったが、その森は朝鮮の清国に対する宗属問題で、清国の李鴻章《りこうしょう》(一八二三〜一九〇一)と会談した。

森の目的は、清国の朝鮮に対する宗主権を否定して、清国の朝鮮問題への干渉を封ずるにあった。

このとき、李は清国も日本も、そして他のアジアの「小国」も、ひとしく力をあわせ、ヨーロッパに対抗することが、いまアジアにとって必要なことではないか、と力説したのに対し、森は、国際関係は「いずれが強いか」という「力」によって決するものであって、「必ずしも条約等に依拠する必要はない」といいきった。そして、その考え方はまちがいだ、という李鴻章に対して、「万国公法又《また》無用なりです」と断言して憚《はばか》らなかったのである(拙稿「岩倉使節団の欧米認識と近代天皇制」、小西四郎・遠山茂樹編『明治国家の権力と思想』吉川弘文館、一九七九年、所収、参照)。

「万国公法」に依拠せず、「力」で処理するというこの日本の対アジア外交の背景には、明らかに岩倉使節団がプロシアのビスマルクやモルトケから直接学びとったものがあり、それを実行に移そうとする背後には、ヨーロッパとアジア（東南アジア）とを「文明」と「未開」（野蛮）という形で対置した使節団の発想がひそんでいた。

明治七年（一八七四）三月、フランスと安南（ベトナム）との間には、第二次サイゴン条約が結ばれ、ベトナムをフランス保護国化する道が開かれたが、このとき、フランスは清国の安南に対する宗主権を無視した。これをめぐって清仏間で抗争がおこり、それがやがて一八八四〜八五年（明治十七〜十八年）の清仏戦争になるのだが、前述の日本の対朝鮮姿勢は、このフランスの清国宗主権無視をならって朝鮮に適用したものであった、といえる。ヨーロッパの「文明」国のアジアでのやり方を日本は手本にしていたのである。

福沢諭吉の「脱亜論」

福沢諭吉の『文明論之概略』は、〝民〟の立場から「文明」を論じたもので、〝官〟の立場から「文明」を論じたといってよい『回覧実記』と対比されるべきものであるが、その前者の著者福沢が、明治十八年（一八八五）三月十六日、「脱亜論」を『時事新報』に発表したことはよく知られている。

それは清仏戦争がまだ続いているときであり、甲申政変（第二次京城事変）後、日本が朝鮮に謝罪・補償などを認めさせた、いわゆる漢城条約が調印されて二か月後のことであった。また、それは伊藤博文と清国全権李鴻章との間に天津条約が締結される一か月前であったこともつけ加えておく必要があろう。

その福沢の「脱亜論」はいう。

我《わが》日本の国土は亜細亜《アジア》の東辺に在りと雖《いえ》ども、其《その》国民の精神は既に亜細亜の固陋《ころう》を脱して西洋の文明に移りたり。然るに爰《ここ》に不幸なるは近隣に国あり、一を支那と云ひ、一を朝鮮と云ふ。(中略)左《さ》れば今日の謀を為すに、我国は隣国の開明を待《まち》て共に亜細亜を興すの猶予ある可らず、寧《むし》ろ其伍を脱して西洋の文明国と進退を共にし、其支那朝鮮に接するの法も隣国なるが故にとて特別の会釈《えしやく》に及ばず、正に西洋人が之に接するの風に従《したがい》て処分す可きのみ。悪友を親しむ者は共に悪名を免かる可らず。我《わ》れは心に於て亜細亜東方の悪友を謝絶するものなり。

また、つぎのようにもいう。

……国中朝野の別なく一切万事西洋近時の文明を採り、独り日本の旧套《きゆうとう》を脱したるのみならず、亜細亜全洲の中に在《あり》て新に一機軸を出し、主義とする所は唯《ただ》脱亜の二字に在るのみ。

(以上、引用は『福沢諭吉全集』第一〇巻、再版、二三九〜二四〇頁、一九七〇年)

その福沢は、すでに一年半前の明治十六年(一八八三)九月から十月にかけての「外交論」のなかで、「西洋の風に倣《なら》ひ、亜細亜の東辺に純然たる一新西洋国を出現する程の大英断」(『福沢諭吉全集』第九巻、一九六頁)が日本には必要だ、と述べていたのである。「脱亜」が同時に「入欧」であることを、福沢はかくも明言していたのだ。

「脱亜入欧」と近代天皇制

この「脱亜入欧」の道は、以後の近代日本を規定する。

岩倉使節団は、米欧回覧のとき、欧米の「大国」と日本の現状とのあまりの落差に絶望感すら抱いた。しかし、「小国」に対しては共感と親近感をもっていたことをすでにみた。使節団と同行した留学生の一人、中江兆民《なかえちょうみん》が、自由民権論を展開する過程で、「小国主義」をとなえたことは知られている。

もし明治政府が、この「小国」をみずからの国家像のモデルとして選んだとしたら、近代日本の歴史は大きく異なるものになったにちがいない。そして、この「小国」への道は、当然「入欧」の内容をちがったものにしたであろうから、逆に「脱亜」の姿勢も異なってきたはずである。

だが、現実の明治政府は、「小国」から「大国」への道、つまりプロシアの道を選んだ。ヨーロッパの後進国が「大国」化する道を、アジアのなかで選択したのである。

それは、大久保暗殺(明治十一年五月、木戸は明治十年五月病没)後から明治十四年の政変を経て、右大臣岩倉具視と参議伊藤博文とが政局の主導権を握った段階で明確になる。ときあたかも翌明治十五年(一八八二)には、朝鮮で壬午軍乱（第一次京城事変）がおこった。

こうして、内政と外政の緊張の接点で、プロシアの道を選択した明治政府は、自由民権運動の弾圧をいっそう強化し、君権優位の専制的形態を強めつつ近代天皇制を構築していくのである。

皇室財産の問題、華族制の整備・確立（明治十七年）、太政官制から内閣制への転換（同十八年）、帝国大学令等の制定（同十九年）、保安条例公布（同二十年）、市制・町村制の制定（同二十一年）、枢密院の設置（同年）、徴兵令の改正（同二十二年）等々を経て、明治二十二年（一八八九）二月十一日、「大日本帝国憲法」と「皇室典範」は公布・制定された。そして、翌二十三年十月三十日、いわゆる教育勅語が出され、それは明治憲法体制へのイデオロギー的支柱となった。

かくして、明治二十三年（一八九〇）十一月二十五日、第一回の帝国議会は召集され、二十九日、開会された。明治憲法体制とよばれているものの、制度的、イデオロギー的な体制固めが、国会開設以前に意識的に行なわれていることを看過してはならない。議会のもつ役割を明治政府は知っていたからであり、その機能を最小限にくいとめようとしたのである。

それでもいったん開かれた初期議会では、民党（野党）の優勢によって政府は危機に立った。明治二十七〜二十八年（一八九四〜九五）の日清戦争が、明治政府の危機を〝外〟へ回避させ、この日清戦争の日本の勝利が、ナショナリズムを高揚させ、十九世紀後半のアジアにおけるブルジョア国家の一形態としての近代天皇制を確立せしめた。

と同時に、この戦争の軍事的勝利が、「脱亜入欧」として日本の選んだ道を正当化させた。「文明」が「未開」(野蛮)に勝ったことは、とりもなおさずアジアの「未開」(野蛮)を日本が支配して当然だ、という錯覚に人びとを陥れたのである。十年後の日露戦争(明治三十七〜三十八年)がそれに拍車をかけて、かつ、それはヨーロッパに対してアジアの民族的覚醒をひきおこす形で彩られた。

だが、そのとき、すでに近代日本の悲劇ははじまっていたのだ。

〝「脱亜」の明治維新〟の克服

それは日本が「脱亜入欧」の道をひたすらつき進むことによって、日本は〝アジアのなかの日本〟という自覚を喪失し、一方ではアジアへの目を欠落させると共に、他方では、「入欧」それ自体をも、しだいに上滑りなものにしてしまった。

そのゆきつくところ、岩倉使節団にすでにみられた東南アジア観を定着化せしめ、朝鮮・中国への侵略から、やがて「大東亜共栄圏」をふりかざしての太平洋戦争へと突入し、ついに破産したのである。

こうしてみると、岩倉使節団、換言すれば、〝「脱亜」の明治維新〟のなかにめばえた発想が、屈折しながらも、いかに近代日本を規定したかは明らかであろう。

いや、それのみではない。「脱亜入欧」の皮相化した発想は、戦後は「脱亜入米」となった。その「脱亜入米」は、やがて〝経済大国〟としての現代日本を現出せしめたが、その日本はいまやふたたびアジア、とりわけ東南アジアへ目を向けはじめた。「脱亜入欧」からほぼ一世紀である。

しかし、その日本の目は、そして、日本の姿勢は、かつての「脱亜」のそれを清算し、そこから脱却したものといえるかどうか。あるいはそれは、「脱亜」のたんなる変形にすぎないのではないのか。なればこそ、その背後には、「入欧」＝「入米」という、対アジア優越感が、すかしぼりのように見えてくるのである。

その意味では、〝「脱亜」の明治維新〟の真の克服こそは、いま喫緊の現代的課題といってよい。

この課題に取り組まない限り、日本はこれからの南北問題に対処できないであろう。南北問題に対処できなければ、おそらく東西問題への対応すら見失い、「戦争」と「平和」への岐路の選択を誤らないとは誰も保障できないのである。

こうしたことに思いをいたすとき、百有余年前の『米欧回覧実記』を、いま読み直し、そのもつ意味を問い続けることは、一九八〇年代、さらには二十一世紀をめざす日本の選択を考えるに当って、必要かつ意義深いことといわなければならない。

第二部

同時代史に想う

「迷羊《ストレイシープ》」の戦中・戦後
——私のなかの「何か」

I

遠い風景と共に——「サクラ」読本と「肉体化教育」と

遠浅の砂浜と入浜の塩田、鏡のような青い海の向こうには、その海をかかえこむように両側から岬が突き出ている。

その潮風のにおいは、エビをとり、小魚に戯れた幼い頃の遠い風景と共に、いまも私の肌にしみついている感じなのである。

この瀬戸内の海岸近くの小さな小学校に私が入学したのは、一九三四年(昭和九)四月だった。

その前年、小学校一年生の国定教科書は、「サイタ　サイタ　サクラ　ガ　サイタ」「ススメ　ススメ　ヘイタイ　ススメ」と、軍国主義化の色を濃くした。政府はファシズム体制強化のため、教科書に国家主義的イデオロギーを強力に注入しはじめていたのである。

二年前までは、大正デモクラシー、つまり大正時代の「民本主義」的な潮流を反映した「ハナ　ハト　マメ　マス」の教科書だった。この教科書は、「サイタ　サイタ」の「サクラ」読本のように冒頭から命令形ではなかった。命令形は十一頁目にはじめて出てくるのである。それは「ハヤク　メヲダセ　カキノタネ」だった。この命令形は自然に対する生長への呼びかけであって、兵隊に「ススメ　ススメ」と命ずる「サクラ」読本とは明らかにちがっていた。

いうところの「サクラ」読本とは、瑞雲に鳳凰の舞うセピア色の国語教科書である。それは端然たる表紙の修身教科書や算術・唱歌などの教科書とともに色刷りに一変し、灰白色のそれまでの単調な教科書とは比較にならないほど美しくなった。その美しい教科書は、軍国主義への時代思潮のトゲをそのなかに包み込んでいた、といってよいだろう。

一九三一年(昭和六)には「満州事変」がひき起こされ、三三年には日本は国際連盟を脱退し、大陸侵略の坂道を異常な加速度でころがりはじめた。それとともに国内では軍部・右翼の台頭が激しく、首相・蔵相の狙撃・暗殺事件、五・一五事件などがつぎつぎと起こり、民衆への弾圧・取締りは息づまるようなきびしさを加えてきていた。

そういう雰囲気のなかで入学した小学一年生に出された「シユウシン」の試験問題は、つぎのようなものだった(以下の試験問題は、すべて私が実際に受けた当時の答案用紙からの引用である〈引用は当用漢字以外は原文のママ。断わらない限りルビは引用者〉）。

「一、キゲンセツハ　ドンナ日デ　アリマスカ。
二、キゲンセツニ　日ノマルノハタヲタテルノハ　ドウイフワケデスカ。
三、日ノマルノハタヲ　タテルノハ　キゲンセツノ　ホカニ　ドンナ日デスカ。（以下略）」

これと同じような設問は毎学年出されている。

二年生のときには、「一、紀元節とはどういふわけの日ですか。二、みなさんがおんを受けてゐると思ふことを三つかきなさい。三、忠義のところでだれのお話をききましたか。正直のところでだれのお話をききましたか（以下略）」と問われ、四年生では、「一、紀元節とはどんな日か。二、新嘗祭とはどんな日か。三、四大節は何々か。又その日は何月何日か書け。（四、欠）五、祝日大祭日には、我々はどんなこころがけがいるか。六、公益とは何か、又皆さんの中で今まで公益と思ふことをしたことがあれば書きなさい。七、皆が大きくなつて、この村を日本一よい村にしようと思へば、どんなことに気をつけたらよいか。出来るだけくはしく書きなさい。八、自分の最も好きなえらい人を二人かけ。なぜ好きであるかわけを書け」というふうに、紀元節の問題は、忠義や恩などの縦の倫理が正直・公益などという普遍的徳目などとからめられながら設問されている。国家の起源と天皇統治の正統性を、子供の心情へ徐々に浸透させようとしていたのである。

しかも、四年生の問題五にみられるように、それはたんに心情のみでなく、心構えへと転じさせられつつあったが、五年生になると、その点はより明白につぎのような出題となる。

これは一九三八年(昭和十三)の二月十日、紀元節の前日の試験問題である。

「一、『親シキ仲ニモ礼儀アリ』の意味を問ふ。

二、国歌『君が代』の意味。君が代は　千代に八千代に　さざれ石の　いはほとなりて　こけのむすまで。

三、明日は紀元節ですから『君が代』の国歌を歌ひますが、歌ふ時の心掛けはどんなにしなければなりませんか。(四、以下略)」

もはや、これはたんなる心情や徳目の問題ではない。紀元節は「君が代」と密着させられ、天皇制に対する児童の覚悟を要請しているのである。

この児童の覚悟を要請した当時の〝期待される人物像〟とは、一体どんなものであったのか。つぎの試験問題はそれを如実に示して余すところがない。

「一、『孝は親を安んずるより大いなるはなし』とはどんなことか。
二、次の三人についてえらいじゆんに(1)(2)(3)を入れなさい
( ) 太郎は勉強をよくするが、そのために時々頭がいたいと言ってゐる。

( ) 五郎は家はまずしいが、日本の国のためなら自分のことは考へないでする。

( ) 次郎はかしこい子供ではないが、からだがじようぶで、お母さんの手伝ひをする。
三、外国人には発明をする人が多く、日本人には少ないが、なぜ日本人には少ないか。それで日本の子供は今からさきどんな考へでゐなければならぬか。
四、靖国神社にはどんな人がおまつりしてあるか。
五、渡辺登のえらいことを四つかけ。
六、毎日君のやって居るきまりのよいことは何ですか。
七、自分が勉強をよくするために、どんな工夫をしたか。
八、ジエンナーのしたことについて、感心したことを書け」(四年「修身」一九三七年〈昭和十二〉七月五日出題)

問題二は、当時のめざす〝人間像〟を端的に求めているが、全文を引用したのは、問題全体のもつ雰囲気を知ってもらいたかったからである。

問題八にみられるようにいかに国際的(?)要素が折りこまれようとも、ここにはあの一八九〇年(明治二十三)の「教育ニ関スル勅語」(教育勅語)に象徴される天皇制のイデオロギーがむき出しの形で、五郎・次郎・太郎(正解順位)という〝人間像〟として例示され、その優先順序が求められているのである。

すでに三年生の「修身」でもつぎのような問題が出されていた。

「一、皇太神宮は、(イ)どこにありますか。(ロ)どなたがおまつりしてありますか。二、忠君愛国とはどんなことですか。三、忠君愛国の心の深かつた人を五人かきなさい。四、あなた方は、どうすれば忠君愛国になりますか。(イ)ふだんは、(ロ)からだは、(ハ)大きくなつたら。(以下略)」

義務教育のなかで、息つく暇もないほど天皇制イデオロギー教育がくり返しなされていることがわかろう。このようなイデオロギーに裏うちされた「修身」教育は、実は歴史教育、つまり当時の「国史」教育と表裏一体をなしていた。

「一、天皇陛下の遠い御祖先は何といふお方か。

二、天照大神《あまてらすおおみかみ》が瓊々杵尊《ににぎのみこと》に下された神勅をかけ。

三、三種神器とは何々か。
四、どういふ年が我が国の紀元元年として定められたか。
五、今年は紀元何年か。
六、神武《じんむ》天皇をおまつりしてあるお宮を何といふか。
七、大国主命《おおくにぬしのみこと》をおまつりしてあるお宮を何といふか。
八、神功《じんぐう》皇后はなぜ新羅《しらぎ》をせめられたか。
九、日本武尊《やまとたけるのみこと》の大きな手がらを二つあげよ。
一〇、長髄彦《ながすねひこ》とはどんな人か」（五年「国史」）

これによって、さきの紀元節にからむ「修身」の問題を、建国神話によって裏付けようとしていることが読みとれるだろう。

右の問題にはルビはいっさい付されていない。小学五年生でもここに登場する固有名詞が読めるほど神話教育は徹底していたのである。

ねんのためここにみられる「神勅」（『小学国史』教科書のはじめに載せられている）をつぎに掲げておこう。

——「豊葦原《とよあしはら》の千五百秋《ちいほあき》の瑞穂《みづほ》の國《くに》は、是《こ》れ吾《あ》が子孫《うみのこ》の王《きみ》たるべき地《くに》なり。宜《よろ》しく爾《いまし》皇孫《すめみま》就《ゆ》きて治《しら》せ。さきくませ。寶祚《あまつひつぎ》の隆《さか》えまさんこと、當《まさ》に天壤《あめつち》と窮《きはま》りなかるべし。」（ルビを含めてすべて原文のまま）

「日本の国は、天照大神の子孫が天皇となるべき国である。お前はいってそこを治めよ。これから代々の天皇が継ぐ皇位は、この天地と共に永久に続き栄えるであろう」という意味である。高天原から天孫たる瓊々杵尊にくだしたとされる天照大神のこの「神勅」は、まさに天皇の日本支配の正統性ないし正当性をたからかにうたいあげたものであったのである。

ここにみられる天皇支配の正統性＝正当性を、国民教育における最初の歴史教育で、子供たちに徹底的にたたき込もうとしていたのである。

このようにくり返しながら天皇制イデオロギーを体のなかにたたき込む戦中の教育を、私は「肉体化教育」とよぶが、その「肉体化教育」の普及によって、天皇制イデオロギーは、しだいに国民に浸透させられていったのである。

だから「国史」を学ぶ目的は、つぎのようなものでなければならなかった。

—「大日本帝国は神の肇《ハジ》めたまうた国であり、神の御裔《ミスヘ》であらせられ、現御神《アキツミカミ》であらせらるゝ天皇陛下の治めたまふ国である。世界は広く、国は多いが、わが国のやうな尊い国柄は、他に見ることが出来ない。このありがたい国に生まれたわれ等は、国史をとほして、しっかりと皇国の尊い国柄を理解しなければならない。」
（板沢武雄著『新體皇国史』〈新制版、第一学年用。昭和十二年八月二十五日発行〉一頁。片かなルビは原文）

この文章を載せた教科書は、「昭和十二年三月二十七日改正の中学校教授要目に準拠し、中学校第一学年用の国史教科書として編纂」されたもので、「今回の歴史教育要目改正の趣旨たる国体明徴、国民意識の昂揚、及び歴史教育の本義徹底等に関しては特に留意して編纂した」（緒言）とされている。

日本が日中戦争（「支那事変」）から太平洋戦争（「大東亜戦争」）へと、大陸への帝国主義的侵略をおし進めれば進めるほど、この「皇国の尊い国柄」（当時は「国体」といった）は強調され、建国神話は徹底的に児童・生徒にたたき込まれた。そして、先の問題にもあるように、小学校五年生頃にはくり返しくり返し「神勅」を書けという問題が、「修身」といわず「国史」といわず、児童に強要され、遂には小学生でも完全にそれを諳《そら》んじて書けるようにさせられているのである。

「教育勅語」も同様である。全文を暗誦し、空で書かされた当時の答案をみると、「朕《ちん》惟《おも》フニ我カ皇祖皇宗国ヲ肇ムルコト宏遠ニ徳ヲ樹ツルコト深厚ナリ」に始まるこの「教育勅語」の難しい文字の連なった全文を、書いていることがわかる。いや、正確にいえば、私は一字だけ誤記している。冒頭の「惟」が「性」となっているのである。

　これもくり返し書かされたわけだから、それからほぼ六十年近くたったいまでも、私たちの世代は「神勅」や「教育勅語」を諳んじているのである。

　このような「肉体化教育」の一環としての「国史」教育は、つまるところ、つぎのような「国民の覚悟」を要求していた。


「今や世界は、急激な文化の発展とともに国家・社会その他生活の各方面に変化多端のときである。我が国は悠遠の古より光輝ある文化を有し、窮りなき発展を成しつつ、世界の強国の間に重きをなしてゐる。しかも内外幾多の重大問題は現実に我等の前にある。

神武天皇は御創業の御時にあたり詔を下し給ひ、『八紘《はっこう》を掩《おお》ひて宇《いえ》と為《せ》む』との宏大の御皇謨を宣し給ひ、今上陛下は御即位の大典に勅語を渙発せられて、『外ハ則チ国交ヲ親善ニシ永ク世界ノ平和ヲ保チ普ク人類ノ福祉ヲ益サムコトヲ冀《こいねが》フ』との御聖旨を宣《の》べ給ひ、なほも勅語には『爾《なんじ》有衆《ゆうしゅう》其レ心ヲ協《かな》ヘ力ヲ戮《あわ》セ私ヲ忘レ公ニ奉シ以テ朕《ちん》カ志ヲ弼成《ひっせい》シ朕ヲシテ祖宗作述ノ遺烈ヲ揚ケ以テ祖宗神霊ノ降鑒《こうかん》ニ対《こた》フルコトヲ得シメヨ』と畏《かしこ》くも仰せられ、我等国民を深く教へ諭し給ふところがあつた。我が国民たるもの、真に心を一にして国運の降昌に尽すべき秋《とき》である。われ等はここに国史の成跡に鑑《かんが》み、国体の尊厳にして、その精華の万邦に秀で、文化の発展また疆《や》むことなきを知り、おのおのその道に励み、無窮の皇運を扶翼し奉り、国家永遠の興隆のために尽しまた祖先の遺風を彰《あきら》かにせねばならぬ。昭和の大御代は百姓《ひゃくせい》昭明・万邦協和の御叡慮《ごえいりょ》を畏くも仰ぎまつる時である。われ等は御聖旨に必ずそひ奉らんことを固くも誓ふものである。」(西田直二郎著『国史通記』二三六〜二三七頁。ルビは引用者、以下同)

この本は昭和十四年四月一日発行以来、同十八年一月十日までに十五版を重ねている。なお、この頃の「国史」教科書は、管見するかぎりではほとんどその末尾をこのような「国民の覚悟」で結ばれている。

2 職業軍人——天皇の「股肱」として

こうした「肉体化教育」によってこの時代の私たち軍国少年(そして軍国少女)は育てあげられていった。旧制中学校等がその延長線上にあったことは、すでに引用した中学教科書からも推測できよう。

一九四一年(昭和十六)十二月八日の早朝、私は「大東亜戦争」開始を告げる真珠湾攻撃の臨時ニュースを聞いた。旧制中学二年生のときである。

山口県瀬戸内のこの中学校では、松下村塾によって明治維新に多くの人材を送り出した吉田《よしだ》松陰《しょういん》(一八三〇〜五九)の尊王攘夷思想を、いまを生きる思想として生徒に教え込んだ。

私たちは、毎朝、松陰の「士規七則」をクラス全員で唱和させられたのである。

「一、凡《およ》そ生まれて人たらば、宜《よろ》しく人の禽獣《きんじゅう》に異る所以《ゆえん》を知るべし。蓋《けだ》し人には五倫あり、而《しこう》して君臣父子を最も大なりと為す。故に人の人たる所以は忠孝を本と為す」

声がすこしでも小さいと、たちまち教師の怒声が飛ぶ。

「一、凡そ皇国に生れては、宜しく吾が宇内《うだい》に尊き所以を知るべし。蓋し皇朝は萬葉一統にして、邦国の士夫世々祿位を襲《つ》ぐ。人君民を養ひて、以て祖業を続《つ》ぎたまひ、臣民君に忠して、以て父志を継ぐ。君臣一体、忠孝一致、唯《た》だ吾が国を然りと為す」

このあとまだ五か条も続くのである。

中学生だから文字づらの意味はなんとなくわかる。わかるけれども、全然面白くはない。長々としたこの文章を大声で毎朝唱和させられるのは、難行苦行であり、苦痛そのものであった。

にもかかわらず、反抗期の中学生の反発や抵抗をうちに秘めつつ、「君臣一体、忠孝一致」は、私たちの肉体と精神のなかに無意識のうちに奥深く突きささっていったのである。

「大義親《しん》を滅す」とはどういうことか、と若い国語の教師が迫れば、年輩の英語の教師は、「佐久良東雄《さくらあずまお》先生は……」と独特の口調で、桜田門外の変に連座して獄死したこの志士・歌人の和歌をくり返し聞かせた。

こうした雰囲気のなかでは、当時の政治や社会への批判の目は養われるべくもなかった。

陸軍士官学校や海軍兵学校など、軍関係の学校を受験する生徒のためには、「陸洋会」なるものが組織され、早朝から授業開始時まで課外授業が実施された。

陸士・海兵にいった先輩たちは、休暇のときに颯爽《さっそう》と校内に姿をみせて後輩に檄《げき》をとばした。自由に映画をみることは校則で厳禁されていたが、江田島の海軍兵学校を題材とした「海軍」などは、学年担任が全員を映画館へ引率して見せたのである。

旧制高校よりも、軍関係の学校への受験熱がいやがうえにもたかまったのは必然のなりゆきであった。それのみではない。一九四三年(昭和十八)に入ってガダルカナル島の「転進」(撤退)やアッツ島、さらにマキン・タラワ両島守備隊の「玉砕」(全滅)などが伝えられ、戦局が急を告げはじめるや、短期養成の予科練(海軍飛行予科練習生)を志願せよ、と強要する教師も現われてきた。

兄が陸軍幼年学校から陸軍航空士官学校へ進んでいたこともあって、私は、中学四年から陸軍士官学校を受験した。

合格の電報は、一九四三年(昭和十八)十一月三日(当時の明治節)にきた。

翌四四年二月末に上京、三月六日の入校式を経て陸軍予科士官学校(現埼玉県朝霞市。この予科士官学校を経て、陸上の兵科は神奈川県座間の陸軍士官学校へ、航空は埼玉県入間の陸軍航空士官学校へ進む。総称として陸軍士官学校といった)の生徒となった。私は「将校生徒」の第一歩を踏み出したのである。

この士官学校への道は、私にとって、これまで受けてきた小学校・中学校での「肉体化教育」のひとつの凝集点を意味していたといえる。そして、そこにおいては「『死生観』の確立に精進し、大命の下欣然《きんぜん》として死地に投じ得るやうな」(陸軍予科士官学校監修『振武台の教育』緒言、開成館、一九四四年)指揮官としての軍人をひたすらめざす生活がはじまったのである。

この「死生観」の窮極の頂点には天皇があった。その天皇の「股肱《ここう》」として、戦場の第一線に立つ青年将校への自覚が、二十四時間の閉じられた空間における集団生活のなかで求められた。それは「肉体化教育」の窮極の姿でもあった。

入校後一か月余の四月二十九日、私たちは東京・代々木の陸軍練兵場に立っていた。

この日は天長節である。例年、代々木練兵場では天皇の観兵式が挙行された。私たち「将校生徒」は、その陪観のため早朝埼玉県の朝霞を発ち、代々木練兵場にきたのである。

整列・陪観する「将校生徒」の眼前を、それまでは田舎の家の床の間の上にかざられた額縁の写真でしか仰ぎ見ることのなかった天皇が、いま通りすぎる。「将校生徒」となった軍国少年たちにとっては、〃絶対〃である現《あら》人神《ひとがみ》の天皇が、白馬〃白雪〃にまたがった大元帥陛下として迫ってきたのである。
天皇にすべてを捧げるためにと軍人を志望した私たちの胸は、異様な緊張におののき、ふるえていた。
私の同期生の一人は、当時の日記につぎのように記している。

「予ノ踏メル大地ハ亦、現人神モ載セ奉リタルナリ、噫《ああ》、畏《かしこ》シ、天皇旗ヲ拝シ奉レリ。而モ其ノ後白馬ニ召サレタル、馬上御豊カナル陛下ヲ拝シ得タリ、一瞬電気ノ通ジタル如キ感アリ。順次我等ノ前ヲモ閲兵遊バサル。龍顔、如何トモ名状シ難キ感激ニヒタレリ。達巳（日記の筆者—引用者）、生レテヨリ十数年、少ニシテ、軍人トシテ志ヲ立テ、教育ヲ受ケシモ、此ノ度始メテ、龍顔ヲ拝セルナリ。大元帥陛下御親閲ノ栄ニ浴シタリ。噫、噫、只々殉皇《じゆんこう》ナリ。岡山ノ田舎者ノ前十数米前咫尺《しせき》ノ間ニ拝セルトハ、夢カ、大君ノ大御為、絶対ノ信念以テ、皇謨《こうぼ》ニ殉ジ奉ルベシ」

これは六十期生会編『陸軍士官学校第六十期生史』（同会、一九七八年刊）に載せられているもののひとつだが、私たち六十期生の教育は、サイパン島がアメリカ軍の手中に落ち、米機の本土空襲などがはじまるという戦局の緊迫や日本の危機の深刻さとあいまって、日々の訓練は激しさを増していった。

米軍が沖縄本島に上陸してから二か月近い一九四五年五月二十五日のある同期生の日記はこう綴《つづ》る。

「晴　同期生会発会式一周年記念ナリ、浅間ノ英姿（当時は浅間の陸軍演習場にいた―引用者）ノ許ニ同期生会ヲ催ス。生徒隊長殿御訓示、マヅ根本タル至誠純忠ノ精神ニ徹セヨ、私利私欲ノナイ只純忠ノ一念ノミニ徹セヨ、次同期生ノ親和ト兵種ニツイテナリ、根本コソ至誠純忠ノ精神ナリ、純ナル忠。

夕食後区隊長殿、独国ノ敗戦ト必勝ノ信念ニツキ話サル。皇国必勝ヲ何処ニ見出スヤ‼　必勝ヲ厳トシテ信ジ明ラカニ見出ス、何処ト言ヘバ予ハ信ズ、短的ニ率直ニ言ヘバ何処ニ物量、物的戦力アリト雖モ、皇国一億ノ臣民ヲ一人残ラズ殺ス迄ハ、敵ハ莫大ナル人員ト物量ノ損傷ト大ナル時日ヲ要シ、敵トシテ敵ノ国民性カラ不可能ナリ、サレバ皇国民一人残ラズ特攻精神アレバ勝ナリ。

然ラバ此ノ精神アリヤ、アリ。アルガ故ニ必勝ヲ信ズ、最後ノ最後迄戦ハントスレバ、敵ハ到底ナスコト能ハズ。

結局日本人一人殺スニ敵モ一人ノ人員ヲ犠牲ニセザルヲ得ズトセバ、彼一億ノ人員ヲ要ス、サレバ必勝ハ我ニアク迄戦フ戦意スレバ容易ナルコトナリ、絶対帰一ノ中心アル皇国ナリ。臣民ハ帰一スル所ヲ有シテキル。」

（前掲『陸軍士官学校第六十期生史』所収）

戦局の不利は、逆によりいっそうの抽象的観念的な忠誠の強調となる。当時国民にも強要された一人一殺の「本土決戦」論が、真正面から「将校生徒」の心をとらえていることがわかる。いや、当時の国民へ軍部指導者が説いた「一億総決戦」論が、ここではもっとも凝縮した形で示されている、といえるだろう。

だが、客観的に日本をとりまく状況は、日を追って刻々悪化していくばかりだった。

陸士予科の航空兵科の者はすでに三月に、航空士官学校へ進んでいたが、私たち地上兵科は、七月二十九日、陸軍予科士官学校を卒業し(航空も卒業は同時)、同日、あわただしく座間の陸軍士官学校の門をくぐった。翌三十日の入校式を終え、ここに最後の士官候補生が誕生した。

だが、神奈川座間の士官学校は、米軍艦載機にさらされていたから、私たちは浅間の陸軍演習場の宿舎へと向かった。

それからわずか二週間余にして、運命の八月十五日を迎えたのである。

3

敗戦――「迷羊《ストレイシープ》」としての私、主体確立への道

私が天皇の「玉音」放送をきいたのは、昭和二十年八月十五日の正午、陸軍士官学校浅間演習場でのことであった。その後におけるあわただしさは、いま現実におこっている問題が何を意味するのか、私自身に考えさせる余裕を与えなかった。

十五日の放送は雑音でよく聞きとれず、ソ連参戦への天皇の激励なのか、「終戦の詔勅」なのか、私たち士官候補生の間でも論議百出したが、それがしだいに無条件降伏だと判ると、営内には異様な空気がみなぎりはじめた。

各区隊長たち(区隊というのは一クラス。区隊長には中・大尉級の当時の精鋭青年将校がなった)は、拳銃をひっさげてみんな東京へ行き、いま残っているのは週番士官だけだという流説、一期下で当時埼玉にいた六十一期予科士官学校の生徒たちは放送局占領に出動したという話、この浅間演習場の士官候補生にも出動命令が出たというもの、朝鮮人部隊が反乱したというデマ等々——不安と緊張が私たちをとりまいた。

「明朝午前五時東京へ出動」

十六日夜の命令で、私たちは実包(実弾)百五十発ずつを手渡された。身の廻りの品を整理し、関係書類を全部焼却して軍装を整えたときは、誰もが黙って「死」ということを真剣に考えていた。

士官候補生とはいっても、ほとんどがまだ二十歳前の若者たちなのだ。しかし、それだけに、純粋につきつめていた。予科士官学校以来、「天皇絶対」という四字を区隊長や中隊長(佐官級将校)たちのくり返す抽象概念によって日々の生活のなかでたたき込まれ、その絶対的なものへ直結するものが帝国軍人であり、なかでもその中核幹部たるべき士官候補生であるという特権的プライドが私たちの唯一の支えであった。

予科士官学校を卒業して士官候補生になるや、下士官たちの扱いもガラッと変わった。いまは階級は下でも、すぐ位置は逆転し、やがてこの下士官たちの上官になるという自明の理が下士官たちをしてそうさせたのであるし、その下士官たちの丁重な扱いが私たちのプライドを満足させるのに十分だったのである。少なくとも、そうしたプライドを許すだけの「人権」は、その特権領域陸軍士官学校というところでは、その限りで保証されていた。軍隊のなかでいかにビンタが横行しても、先輩である区隊長以外は私たちの体には一指もふれなかった。区隊長になぐられることはあっても、その底流にある先輩―後輩という、特権的「ミウチ」意識が、お互いの心に反発をも感じさせなかったばかりか、むしろ親近感をすら強めていた。私たちのあらゆる意識が、そうした特権の上にあぐらをかき、それがプライドとして背骨の中にたたき込まれていた。

そして、そのプライドの故に、いま実包を手渡され、一戦を交えるかも知れないという緊張の中で、プライドにふさわしい「死」を選ぶべく私たちの心はひそかにおののいていた。新しい下着に着替えながら「ただやるだけだ」という論理以前の悲愴な感傷が、私の心をおおっていた。

だが、「そのまま待機」という命令が出動時間直前に出て、その後何も発せられないまま二、三日が過ぎ去ると、私たちのつきつめた緊張感はむしょうに、空虚ないらだたしさに変わっていった。

中隊長や区隊長のいうことも、何か白々しく聞こえはじめてきた。今まで自分たちが絶対だと信じていた価値体系が、どこからともなくゆれはじめるような気がした。

八月末、陸軍士官学校は解散し、私たちは復員した。

私は「職業軍人」という言葉を、そのころはじめて耳にした。「ああ、軍人になるというのはたんなる職業だったのか」と、絶対価値への没入が生活のための一つの手段にすぎない存在だとしかみられていないことを、ようやく悟って愕然《がくぜん》とした。

価値体系が論理以前の観念的抽象の上にきずかれたものであっただけに、いったんゆれはじめると連鎖反応をおこして、それはどうすることもできなかった。

「復員」列車が街々の廃墟を通りぬけ、再びなつかしい故郷の土をふんでも、私の心はそうした価値体系が崩壊した空虚さで、何の感懐もおこってはこなかった。

毎日、家の裏の畑に出ては遠くの山々を眺めて半年が過ぎさった。友人たちは帰郷後、旧制高校や大学に編入した、ということも聞いた。しかし、私には何の感興もわかなかった。依然として、一切が空しさにおおわれていたのである。

ただ、毎日山を眺め、精神的な苦悩と肉体的活力とのアンバランスが続いた。

だが、そうした毎日を私の若い肉体が許さなくなってきた。何かありったけの力で自己の肉体を酷使することが、そのアンバランスを打ち破る一つの方法のように、私には感じられてきたのである。

私はS・K組というドラム罐の船積み専門の日雇い労働者の仲間に入っていった。私にとってははじめての新しい社会だった。

人びとの猥雑な会話をいままでならば、許すべくもなかったが、もはやそのプライドは完膚なきまでに地上にたたきつけられており、反発する力すらももっていなかった。しかし、数週間経つうちに、こうした人びとの世界に私は、それまで知らなかった別の世界の、何か胸をうつものを見出しはじめた。一見秩序もないようにみえるこれらの人びとの社会のなかに、かつて私にはまったくみえなかった何ものかがあるということを感じとりはじめたのである。

日雇い労働者たちの過去の生活はさまざまであった。ある一人は、戦時中の特高警察官であり、いつも腰をよろめかせてドラム罐をおこしている四十歳位の男は、朝鮮の大学を追われて帰った教師の一人であることもわかった。小学校しか出なかったという一見武骨な、筋肉のたくましい五十を出たばかりの男にはいいしれぬ、温かみのあることを知った。そして、これらの人びとは、毎日毎日一言の文句もいわず営々と働いていた。そこには身分も特権もない肉体労働だけがあった。そしてそれはインフレ下の生活とのたたかいでもあった。

その頃から私の空虚さのなかに何かいい知れぬものがむくむくと頭をもたげてきた。それが何であるか私にもわからなかった。しかし、これが何なのか、何とか探り出そうと考えはじめた。頭脳組織が、回転をとり戻しはじめた感があった。

何か月も、何が毎日毎日黙って山に向かいあうような生活をさせたのか。そして、これまでの価値体系のなかからは、思いもしなかった人びとのなかに、半年間のその空虚さをぶち破っていくかのようなものをなぜ感じはじめたのか。それは一体何なのか。さまざまな過去を背負った人たちが、ここで黙々と毎日を働いているけれども、それは一体何を意味するのか、彼らをしてそうせしめているものは何なのか……。わからないことばかりであった。

その時に、私ははじめて「敗戦」を通して冷厳な現実に直面したといってよいかもしれない。そして私は、ようやくにして「生きる」ということを考えはじめたのである。その「生きる」ことを確認することは、私をいまとらえている空虚さを埋める「何か」を見極め考えることでもあった。

私は急に、いろいろな人のところへいって話をききはじめた。帝国大学出身のある法学士は言った。

「ねえ君、まだ若いんだから勉強するんだね。進学したまえ。とにかく世の中はね、やっぱり学校がものをいうんだよ。人生のコースはそれできまるというもんだね……」

なるほど、学校か。私ははじめて旧制高校や大学へ編入した友人たちを思い出した。しかし、私の感じている「何か」と、その法学士のいう学校とが、どこで結びつくのかはわからなかった。その法学士がその町の青年団での話を頼まれて青年団なんてまったく興味がないといって断った、と聞いたとき、私にはなぜこのインテリが彼の身近な周囲から自己をとざそうとするのか判断しかねた。彼のいう学校というのは、かつて私がもたされていた特権領域のなかのプライドと一脈通ずるものが感じられた。だから、この法学士の忠告もそのまま受け取ることはできなかったのである。

中学校の恩師にも会ってみた。しかし、その教師は焼け出されて、家をいかに安く、いかに早く建てるかにせい一杯であった。

「君ねえ、世の中なんていうものは、そう簡単にはつきつめられないよ。まあ平穏無事、何とか食って生きていければいいんだね。何しろ僕はこのところ何とか材木を安く手に入れたいんだよ。君の親戚に山をもっている人はないかね」

私はもはやこの教師に何もいうことはなかった。私が求めている「何か」を、この教師は夢にしたくも持ち合わせていないような気がした。

私はある修養団体にも飛び込んでみた。そこには神がかりな思想と、人類愛とのミックスみたいな奇妙な論理のみがあった。

「世の中というものはですね、めぐりめぐっているんです。太陽は草を生い繁らし、その草を兎が食い、兎は人間に食われる。草は兎に食われることが本望なのであり、兎は人間に食われて真にその生命を全うする。ということは、私たちの生命の根源が生い繁らせたあの太陽、いいかえれば天照大神の……」

私はもう沢山だと、耳をおおって外へ飛び出した。天照大神が出現して来ては、私の「何か」とはもはや縁もゆかりもなかった。

「よし、東京へ行ってみよう。何かあるかも知れない」――いちるの望みを託し、一週間の食糧をぶらさげて、ごった返す列車の人となった。東京まで四十時間近くもかかった。最初に会ったのは陸士の同期生の一人であった。彼は東京近くの鉄道教習所にいた。

「おい、貴様もやって来い。俺達は徹底的にブルジョアジーや軍閥と闘うんだ。プロレタリアートこそ、真実なんだ。二、三年経ってみろ。俺達の天下がやってくる。その時こそ、俺達の青春を奪った奴等をたたきつぶしてやるんだ」

その頃の東京は、東京裁判の開廷、食糧メーデー、あるいは組織労働者の飛躍的増大というさなかで、支配階級の混乱と占領軍を解放者とみる幻想が「人民革命」間近の錯覚を人びとに起こさせていた。彼はその最先端にある青年党員としてすばやい転向を示していた。

しかし、私にはその彼の言葉もなぜか実感として感じとれなかった。敗戦後の田舎の青年たちにとっての解放感は、せいぜい青年団の演芸会での「赤城の子守唄」や「八木節」、はては盆踊りと、歌い踊ることを通して、戦争中の鬱積《うっせき》を晴らす体のものでしかなかった。男女の青年が一緒に、誰憚《はばか》ることもなく青年団活動ができることが、田舎の若者たちにとっての民主主義であった。それが当時の私の笑えない現実の姿でもあった。

この田舎者との落差を飛びこして、急に「プロレタリアート云々」といわれても、それが私や一緒にドラム罐運びをやった人びととは結びつかなかった。「ついていけない」という感じだったのである。敗戦の現実を半年以上の月日を経て、はじめて皮膚で感じとったような者にとっては、その落差を一挙に飛びこして、彼のいう

「革命運動」の中に没入できるはずはなかったのである。

ここでも、やはり私の求めた「何か」にぶつかることはできなかった。

「いかに生きるべきか」私は東京の真中で、自問自答した。電車を逆方向に乗って一時間後にはじめて気づくこともあった。今日は西、明日は東と、「何か」をもとめて、多くの人びとの意見をたたいて歩き回った。だが、結局、これはと思って訪ねた人びとの口から、私の求めている「何か」は得られはしなかった。

一週間経って私は再び故郷への列車に乗った。この一週間東京で得たものが何であったか、何をしにはるばる東京まで出て来たのか。汽車の窓から後へ走る景色をぼんやり眺めながら、私は考えていた。

その時、私は敗戦後の自己をふり返りながら、あの夏目漱石《なつめそうせき》(一八六七〜一九一六)の『三四郎』の一場面の言葉のひとつを思い浮かべていた。


「かつて美弥子と一所に秋の空を見た事もあつた。所は廣田先生の二階であつた。田端の小川の縁に坐つた事もあつた。其時も一人ではなかつた。迷羊《ストレイシープ》。迷羊《ストレイシープ》。雲が羊の形をしてゐる。(中略)『ヘリオトロープ』と女が静かに云つた。三四郎は思はず顔を後へ引いた。ヘリオトロープの罎。四丁目の夕暮。迷羊《ストレイシープ》。迷羊《ストレイシープ》。空には高い日が明かに懸る。」(岩波文庫版・第七刷、一九四五年十一月)

「迷羊《ストレイシープ》」——私は小説とは関係なく、心にくいいるようなこの「迷羊」という言葉を繰り返していた。

「迷羊《ストレイシープ》。迷羊《ストレイシープ》。……。」

「迷羊」——それは自分自身を忘れた私の姿ではなかったのか。

「何か」を、他にばかり求めようとしていたのではなかったのか。

私は急に忘れものを思い出したような気がした。

汽車はごうごうと音をたててトンネルに入っていった。その騒音と窓からたてこむ煤煙の中で私は唇をひきしめた。〝自己を解決するものは自己以外の何ものでもない〟——と。それは敗戦後の私の主体確立の瞬間であり、新しい主体としての紆余曲折の開始でもあった。

そのいきつくところ、私は歴史研究者への道を歩んだ。

いまの時点で、多少「かっこよく」いえば、敗戦体験こそが、その後の私の人生観・歴史観の原点になった。

そこから私は歴史学へ関心をもち、やがて明治維新、ひいては近代天皇制研究へと進んでいったのである。

感想

「司馬遼太郎 雑談『昭和』への道」のことなど

田中　彰

I

言葉をしぼり出す——主題は重く、発言は苦渋にみちて奥深い。

司馬遼太郎さんは、一九九六年(平成八)二月十二日、七十二歳で急逝した。その直後から、国民的一大ブームといってもよいほど、氏の作品はもてはやされ、時には作品の片言隻句を「錦の御旗」のように担ぐ人たちもいる。そして、それはよきにつけ悪しきにつけ、氏の作品の意図や氏の歴史観をこえて、ひとり歩きしているように思われる。

作品の文庫化あるいは映像化によってそれに拍車がかけられているが、氏が生前には活字化することをためらい、出版することにOKを出さなかった講演や映像のなかでの語りすらも、いまはつぎつぎに活字化されているのである。『「昭和」という国家』(日本放送出版協会、一九九八年)もそのひとつだが、まずその成り立ちを説明しておこう。

本書（司馬遼太郎著『「昭和」という国家』を指す。以下、（『昭和』）と略称）に収めたものは、「司馬遼太郎　雑談『昭和』への道」というタイトルで、一九八六年（昭和六十一）五月十九日からNHK教育テレビで放映されたもので、つぎの十二回に亙《わた》る。

一九八六年―五月十九日・二十日・二十一日、七月二十八日・二十九日・三十日、十月十三日・十四日・十五日、一九八七年―二月二十三日・二十四日・二十五日　計十二回に亙って放映されたものである。

放送のなかの司馬さんには、しぼり出すようにして発言する場面や、苦渋にみち、言葉を発するのにためらうシーンがいくつもある。そして司馬さんの話の運び方は、必ずしもすんなりしたものではなかった。その意味で本書（『昭和』）は、放送記録を構成したものであるが、読者の方がたには、司馬さんの紡ぎ出す言葉をかみしめつつ読んでいただきたいと思う。主題は重く、発言は奥深いのである。

さて、一九八九年（昭和六十四・平成元）の元旦に「太郎の国を物語る」（司馬さんとNHK特別主幹吉田直哉さんとの対談）がNHKテレビで放映され、十月から十一月にかけて各三回ずつNHKスペシャル・司馬遼太郎トークドキュメント「太郎の国の物語」（企画・演出＝吉田直哉氏）が放映されている。本書（『昭和』）の主題の一部は、この「太郎の国の物語」に流れ込んでいるのである（それが『「明治」という国家』という書名で書き下ろされ、日本放送出版協会から刊行されたのは、一九八九年である。のち一九九四年一月にNHKブックス上下二冊となる）。

さて、本書『昭和』の感想を述べるに当たって、前提となるいくつかのことを確認しておこう。

その第一は、司馬さんはあくまで作家だということである。

「わからないということがわかった」という厳密さをもつのが歴史家とすれば、作家はそのわからないところをフィクションとして描き出す。前者が禁欲の世界に学問としての厳しさを要求するのに対し、後者はその歴史家の禁欲の世界を自由にかけめぐるのである。このことは第二の問題に連なる。

第二は、フィクションを自由に駆使する作家の描く歴史は面白い。だから禁欲の世界で苦吟する歴史家の叙述とは比較にならないほど多くの読者をえる。描かれる人物は、豊穣な表現力によって自由に作品のなかをかけめぐるから、歴史小説はいきいきと叙述されて面白い。

だが、そうした作品の上に作家が歴史を語るとき、本来は史実に忠実でなければならないにもかかわらず、みずから描いたフィクションの世界が、あたかも歴史の現実のごとくすりかえられ、さらにそれが歴史の流れをつくり出しているかのごとくに語られることである。史実とフィクションとのないまぜから抽象された作家の歴史の見方が、いつの間にかその前提を無視してひとり歩きをはじめることがある。その語り口が魅力的であればあるほど、そこには落し穴が生ずることもある。

司馬さんの場合、しばしば司馬史観といわれる。司馬史観なるものは、司馬さん自身のいった言葉ではないが、いつの間にかそう名づけられたのは、その影響の大きさなるがゆえである。

その落し穴がどこにあり、どのようにひとり歩きしているかを確認しながら、読者は作家のいう歴史の流れのとらえ方を読みとる必要があるだろう。

第三には、司馬さんの風貌のカリスマ性である。あの白髪で眼鏡の奥からキラリと光るまなざしと、顔全体からかもし出す優しさと親しみのわく雰囲気は、写真を通して声をかけられたような錯覚を人びとに与える。氏の亡くなったあと、つぎつぎに発表された〝表〟の姿のみならず、プライベートなたたずまいは、いっそう人びとを引きつける。作家としての司馬さんにとっては、それは必ずしも本意ではないかもしれない。政治にも経済にもカリスマ性が失われた現代日本社会には、司馬さんのイメージは魅力以外の何ものでもないのだ。

このカリスマ性が前述の第二の問題と結びついて、司馬史観なるものを神話化したり、権威化したりしている。

本書（『昭和』）を読めばわかるように、司馬さんの歴史をみる目は、鋭くしかも優しいが、その思考と発言は、行きつ戻りつ苦渋にみち、歴史を反芻《はんすう》しながら司馬さん特有の言葉をしぼり出しているといってもよいのである。

2 司馬さんの歴史的原点――「なんとくだらない戦争」と「魔法の森」と

では、内容をめぐって筆を進めよう。

この本のもとになったＮＨＫ教育テレビ「雑談『昭和』への道」は、「雑談」とあるように、順序だった体系的な話ではない。司馬さんらしく、ふくらみのある表題である。

最初に、なぜ司馬遼太郎さんが、歴史への関心をもったのか、いいかえれば司馬さんの歴史的関心の原点は何かという問題から入っていこう。

司馬さんの語るところによれば、氏の歴史への関心の直接のきっかけは、「敗戦というショック」だった。司馬さんにとっての「昭和前期」（一九四五年の敗戦まで。以後を「昭和後期」としている）は、「私は虫みたいなもの」だったというのだ。そして、一九四四年（昭和十九）満州四平の陸軍戦車学校を卒業して見習士官となった司馬さんは、釜山経由で日本へ帰国し、栃木県佐野市で本土決戦に備える配備につく。翌年八月十五日、この地で敗戦を満二十二歳で迎える。その年三月十三日の大阪空襲で自宅は焼失していたから、やがて氏は、母の実家へ復員したのである。

敗戦の日から数日後の感想を氏はこうつぶやく。「なんとくだらない戦争をしてきたのかと、まず思いました。そして、なんとくだらないことをいろいろしてきた国に生まれたのだろう」（第一章）と。

これが司馬さんの歴史への原点である。

ということは、「くだらない戦争」をした、「くだらないことをいろいろしてきた国」への批判が根底にあり、そこから出発していることを示している。これは司馬さんの歴史観をみるうえで忘れてはならないもっとも重大なことである。あとでみる氏の明治国家観も、日本近現代史観もこの批判の視座——敗戦体験——が起点であることを無視し、司馬さんの作品を一方的にナショナルなものとして、太平洋戦争を肯定し、日本の近代を美化しようとする人びとが、みずからの文章を権威づけるために司馬さんを引き合いに出しているのは、むしろ滑稽ですらある。それは司馬さんの歴史への視座の原点を見ないか、もしくは意識的にそれを無視したものにほかならない。

では、司馬さんのいう「くだらない戦争」をし、「くだらないことをいろいろしてきた国」にいつ頃からなったのか。

「大正末年、昭和元年ぐらいから敗戦まで、魔法使いが杖をポンとたたいたのではないでしょうか。その森全体を魔法の森にしてしまった。発想された政策、戦略、あるいは国内の締めつけ、これらは全部変な、いびつなものでした。

この魔法はどこから来たのでしょうか。魔法の森からノモンハンが現れ、中国侵略も現れ、太平洋戦争も現れた。世界中の国々を相手に戦争をするということになりました。」（第一章）

つまり、大正末・昭和の初めに日本は「魔法の森」になった。その辺から「くだらない」国になっていったと司馬さんはいうのだ。

この「魔法の森の謎を解く鍵をつくりたい」、「手づくりの鍵で、この魔法の森を開けてみたい」と、司馬さんは歴史へ踏み込んでいくのである。

そして、そこに「参謀本部という異様なもの」を見出し、それが「国家のなかの国家」であり、「国家中枢のなかの中枢」であるといい、「日本の軍部」であると断定するのである（以上、第一章）。

この「魔法の森」を解く手づくりの鍵を見出す過程が本書（『昭和』）の各章に展開するさまざまな話となる。

3 かくの如くして、昭和の大陥没へ。

司馬さんの江戸時代への評価は高い。

「明治時代をつくり上げたのは江戸時代ですね。江戸時代における多様性が、明治という一本の川になってあらわれたと考えていいと思います。」（第十一章）

ここにいう「江戸時代の多様性」つまり、「バラエティがなければ、江戸時代の繁栄というものはない」（第十一章）というのである。

『「明治」という国家』(一九八九年)でも、その第三章のタイトルは「江戸日本の無形遺産〝多様性〟」とされている(以下、『明治』と略称)。

明治維新の中心となった薩長土肥にしても、それぞれ異なった性格と役割を果たしたことを氏は強調している。それはこの四藩のみならず「三百諸侯の多様性」(『明治』七〇頁)でもあり、「この多様さは、明治初期国家が、江戸日本からひきついだ最大の財産だったといえるでしょう」(『明治』七六頁)という。

そのことは、司馬さんが江戸の商品経済の発展を高くみる江戸時代観ともつながっている。そこに展開する商品経済のなかで出てきた海保《かいほ》青陵《せいりょう》(一七五五〜一八一七)や山片蟠桃《やまがたばんとう》(一七四八〜一八二一)、あるいは富永仲基《とみながなかもと》(一七一五〜四六)などに氏は注目する。また、三浦梅園《みうらばいえん》(一七二三〜八九)の自然科学的な独創的思想にも目をそそいでいるのである(第九章)。

それは江戸時代の商品経済の発展のなかに、彼らが「日本的な合理主義」(『明治』二一九頁)を発見しているということでもある。

司馬さんは、「ペリー(一七九四〜一八五八)の存在がなければ、明治維新も起こらなかったかもしれません」(第七章)といってはいるものの、前述のように「明治初期国家」と「江戸日本」との連続性を認めているのである。

この連続性があるにもかかわらずそれを否定したところに、日本の悲劇は生まれた、というのだ。

「明治以後に江戸期を捨てたことに、日本の不幸があったのではないでしょうか」(第九章)という。もっといえば、「明治政府というものは江戸期を否定し、そして明治以後の知識人は、軍人を含めて、江戸的な合理主義を持たなかった。それはやはり、何か昭和の大陥没とつながるのではないでしょうか」ということになる。

4 ナショナリズム――武士と軍人と

ここで司馬さんの明治維新の見方を垣間見ておこう。

これは主として『「明治」という国家』によるのだが、司馬さんは幕藩体制を「大名同盟」の体制とみ、この「同盟」のなかのぬきんでた大名が徳川氏であり、この盟主たる徳川氏が実力を失った場合は、「いつでも野党の大名で盟主としての実力をもつものが取って代っていい、それは、一つの暗黙のルールでした」(『明治』六九頁)というのである。

だから、薩摩や長州が徳川氏に反逆しても、それは「忠義・不忠義という倫理問題にはなりにくい」(同上)のだという。薩長は譜代大名のように「厳密な主従関係にあるとはいいにくい。力がさかんなればこれに従い、力が衰えればこれにそむく、そういう関係だったと考えていい」(『明治』六九〜七〇頁)ともいっている。

だが、この見方はあまりにも幕藩体制の支配構造を単純にみすぎてはいないだろうか。もし司馬さんのいうような体制であれば、薩長など幕府に敵対する雄藩が、天皇をかつぎだす理由がわからなくなる。薩長が苦心して天皇をかついだのは、いうところの「倫理問題」にこだわり、反逆の正当性をえようとしたからにほかなるまい。

　それはともかく、司馬さんは明治維新について、つぎのようにいっている。


「明治維新とは上からの革命であり、フランス革命やロシア革命のようではありません。（中略）明治維新はずいぶん事情が違います。外圧が大きかったですね。統一国家をつくらなければ植民地になってしまうという不安と恐怖心が、国民のコンセンサスになりました。」（第七章）

　この論旨は明治維新＝ナショナリズム論といってよかろう。外圧による後発国の変革がナショナルな性格を帯びることは避けがたい。ナショナリズム論は、感情が入り込み、ヌエのような要素をもつから、慎重な扱いが必要なのであるが、この場合の問題は、外圧によってどのようなナショナリズムが形成され、新しい国家が成立したか、なのである。

　そのことはいまはさておき、この外圧→ナショナリズム論の上に立つ司馬さんは、その延長線上で倒幕よりもむしろ明治四年（一八七一）の廃藩置県をきわめて高く評価しているように思われる。ただし、本書（『昭和』）ではそれにはほとんどふれることはない。

『「明治」という国家』では、この廃藩置県を、「クーデターあるいは第二の革命ともいうべきこれほどの政治的破壊作業」(一一五頁)と述べ、つぎのようにいうのである。

「廃藩置県のような無理が通ったのは、幕末以来、日本人が共有していた危機意識のおかげでした。幕末以来、日本が侵略される、とか、植民地にされる、亡ぼされる、という共通の認識と恐怖がいかに深刻だったか、またその即物的反発としての攘夷感情、その副産物としての日本国意識(国家を、破片の藩として見ず、日本国全体を運命共同体としてみる意識――原注)がいかにつよかったか、そういう一国を覆いつくしている共通の感情を考えねば廃藩置県は理解できません。だから無数の被害者たち、それも武力を持った被害者たちが、頭《こうべ》を垂れて黙々とこれに従ったのです。それを思うと、当時の日本人たちに、私は尊敬とともに傷ましささえ感じるのです」(『明治』一一六頁)

司馬さんが尊敬とか傷ましさとかいう言葉をここで連ねているのは、廃藩置県は維新の勝者も敗者もなく、「ともに荒海にとびこむように平等に失業する」(同、一〇七頁)からである。この「革命としかいいようのない政治的作用、外科手術」を、「武士層が、自分で自分の手術をした」というのである(同、一〇六～一〇七頁)。いわばそれは武士層の自己犠牲=自己否定なのだが、そういう武士たちと、前述の「魔法の森」によって「なんとくだらない戦争」をした昭和前半期の軍部(軍人)とを対比しての感のこもった言葉なのである。

5　〝自由と愛国〟――自由民権運動の行く先

もうすこし『「明治」という国家』のなかから、本書（『昭和』）では必ずしも十分にふれていない側面をみておこう。

それは自由民権運動の問題である。

司馬さんは明治維新と自由民権運動とのちがいをはっきりとつぎのようにいっている。

「明治維新が、薩長土肥をはじめとする士族（三千万国民の約七％――原注）によっておこなわれましたが、それにつづく自由民権運動は、かつての庄屋階級によっておこなわれた、といってもいいからです。〝庄屋階級〟ということばは、ここでは象徴的につかっています。郷士、庄屋、大百姓という富農階級と考えていただいていいかと思います。かれらは、七％の士族に準ずる階級であるばかりか、士族一般より経済力があります。さらには、士族と同様、代々本を読む階級であり、さらにいえば、村落の管理者として、農村の実情にあかるく、かれらを代表するといった地《じ》生《ば》えの意識のつよい階層でした」（『明治』二七三頁）

ここでの〝庄屋階級〟は、歴史学でいう地方名望家＝村落支配者層である。自由民権運動の発展の階層的な表現でいえば、士族民権から豪農民権へという、まさに豪農民権の担い手たちであった（さらに豪農民権から農民民権へとより下層の農民に主体が移り、それが激化諸事件となるが、司馬さんはそこまではふれていない）。

司馬さんはまた、明治維新は「多くの運動者に明晰な意識はなかったにせよ、〝国民国家〟の創出を目的としたものであった」（『明治』二七二頁）という。土佐の板垣退助《いたがきたいすけ》（一八三七〜一九一九）における自由民権運動もまた「国民の創生運動だったのです。国民をつくりだすには、国民に政治参加の権利を保持する必要があり」、「国民が政治参加をするためには〝国会〟という場が必要です。むろんそれを保障する〝憲法〟がなければなりません。〝国会〟と〝憲法〟それがおおかたの自由民権運動の運動目標でありました。といっても、あくまでも、――政治の場を。ということでした。――基本的人権を。という声は、ごく小さなものでしかありませんでした」（『明治』二七二〜二七三頁）と述べている。

そこでは明治維新とは主体が変わり、主張を異にする自由民権運動がとらえられている。と同時に、世界における近代的革命に比較しての限界も指摘されている。基本的人権という声が小さいということは、「明治維新は、世界の大思想とは、無縁におこった革命なのでした。革命のための思想といえば、尊王攘夷という十三世紀におこった朱子学のことばが、共通のスローガンであっただけでした」（『明治』二七五頁）ということになる。

だから司馬さんは、つぎのようにもいうのである。

「歴史は〝もし〟ということばをゆるしませんが、もし安政年間にルソーの思想が入ってきて翻訳刊行されたとすれば、明治維新を成立させた勢力の一つに、国学派があり、ルソー派もあった、というにぎやかなことになり、明治政権の構成要素に、その勢力もしくは思想が入ったかもしれません。もっとも、現実にはそうならなかったのです。」(『明治』二七五頁)

幕末には、オランダ語の「フレーヘードル(自由《フリーダム》)」という言葉とその大ざっぱな内容は知っていたとしても、それは「ただ、おそろしい思想だと思っていたのではありますまいか」という司馬さんは、長州の思想家吉田《よしだ》松陰《しょういん》がこの語を使ったのは、「絶望の中の悲鳴というべきものでした」(『明治』二七六頁)と述べている。

そしていう、「とても幕末の日本は、『自由、平等、人権』といったような――思想は入りこめるような土壌ではなかったかもしれません」と(同上)。

だから、「やはり自由と民権については、中江兆民《なかえちょうみん》(一八四七〜一九〇一)の出現を待たねばなりません」(同上)と司馬さんはいうのである。そして、「中江兆民らによって種が蒔《ま》かれた〝天賦人権説〟は、じつに時代にとって魅力的でした」(『明治』二七九頁)といい、その平等思想の流れはすでに江戸時代の山片蟠桃にもみられるし、幕末には「〝一君万民思想〟という平等思想がひとびとをとらえていました」(同上)というのである。

この「人権意識、さらには、〝自由と愛国〟というあたらしい意識は明治初年の非藩閥人にとってなんときらびやかなものだったでしょう。しかも国家と一体感になれるという意味で、可燃性がつよく、爆発力もつよかったのです」という司馬さんは、「『官《かん》は、われわれが国家と一体化しようとする欲求を阻んでいる』というのが、自由民権運動家の官への共通した態度でした。ある意味では、かれら自由民権家こそ、初々しく誕生した〝国民〟というものの最初のひとびとだったでしょう。ですから、かれらの多くは、人権をとなえるよりも、声高《こわだか》に政府の専制をののしる一方、さかんに愛国をとなえました。〝愛国〟ということば自身、それまでの日本語にはなかった新鮮なことばでした。このことばが全国にひろがるのは、自由民権運動家によってでありました」(『明治』二八〇頁)と述べている。

司馬さんの明治維新から自由民権運動への発言は複雑である。一方では江戸時代の合理主義を捨てたといい、他方、外圧に対するナショナリズム論の上に廃藩置県にみるような武士層の自己否定を高く評価する。維新の変革でめざされた「国民国家」の創出は、江戸時代の庄屋階級の系譜をひく担い手たちによる自由民権運動によって主張され、それは一方で藩閥の有司専制を批判しつつ、他方では「愛国」を国民的なものにしようとした。しかし、明治維新は基本的人権というような世界の大思想とは無縁だった、というのである。

この明治維新と自由民権の発言のなかから司馬さんの紡ぎ出す糸が、どこで結び、あるいはほぐれるのかは、必ずしも明らかだとはいい難い。要はつぎの一文に落ちつくようだ。

「明治維新と廃藩置県によって〝国民〟は創出されました。ただし、ここで言っておかねばなりませんが、明治初年に新政府が創りだした〝国民〟というのは、法によって権利と義務が明快になった〝国民〟ではありません。税金をとられるだけの存在でした。絵にかいたモチでした。それが実質をともなって明快になるためには、列国とほぼ似たような憲法をもち、憲法下の法体系をもち、法治国をつくりだすことによってしか生まれないのです。」（『明治』二八二〜二八三頁）

6　独り歩き――「軍人勅諭」と「教育勅語」という圧搾空気

明治国家の成立の過程は、明治十年代、とくに後半から二十年代前半にかけてである。

本書（『昭和』）で司馬さんがとりあげているテーマでいえば、「軍人勅諭」と「教育勅語」がある。前者は明治十五年（一八八二）、後者は明治二十三年（一八九〇）に天皇から下賜された。

第五章は「軍人勅諭」を引き合いに出しているが、これは明治十年代、自由民権運動の思想がしだいに軍隊内部に及ぶにいたり、明治十一年（一八七八）には竹橋騒動（近衛兵の反乱）となった。陸軍卿山県有朋《やまがたありとも》（一八三八〜一九二二）は「軍人訓戒」を出して軍紀の確立を図ったが、「軍人勅諭」は、その延長線上でさらに高まりつつあった自由民権運動を意識しつつ軍人・軍隊と政治との関係を念頭において、日本における天皇の軍隊の歴史から説きおこし、軍人の守るべき徳目として、忠節・礼儀・武勇・信義・質素の五カ条をあげている。その根底には「誠心」があると説き、軍人は忠節を重んずることを第一とし、軍人が政治に干渉することのないように説いた。兵権は政治から独立しており、天皇の統帥権《とうすいけん》のもとにあることを強調し、上官の命令は天皇の命令であるとして、徳目とともにその絶対性をうたったのである。

この「軍人勅諭」の暗唱や、「五カ条という縮めたものを読む」（第五章）ことなどは、司馬さんの軍隊生活の体験と重ねて語られている。軍隊生活の経験のある年輩の方がたには、この「軍人勅諭」をめぐっては、さまざまな苦い思い出があるにちがいない。

「軍人勅諭」は統帥権問題とからむから後で述べる。第四章と第五章では、「軍人勅諭」と「教育勅語」の内容もさることながら、文章論として論じられている。つまり、「教育勅語」の漢語的な難解な文章に対して、「軍人勅諭」は「当時としては、よくこなれた文章になっています」と述べられている。

「軍人勅諭」のわかりやすさは、井上毅《いのうえこわし》（一八四三～九五）や福地桜痴《ふくちおうち》（源一郎《げんいちろう》。一八四一～一九〇六）がその起草にたずさわり、重要な役割を果たしたからだ、というのである。山県みずからも加筆修正に当たったとされている。

「軍人勅諭」は、明治天皇から直接軍人に下したものだから、民権派（植木枝盛《うえきえもり》ら）の構想した国憲を護る国民軍隊への方向を断ち切る役割を果たした、と司馬さんはいう。そのことは統帥権独立の問題でもあり、前述の「魔法の森」とからみ、歴史的条件で生まれた「軍人勅諭」が「独り歩きし始めます」と語られている。

「軍人勅諭」が軍人に対する至上の徳目を強調しているとすれば、国民に対するものは「教育勅語」であった。

「大日本帝国憲法」(明治憲法)が、明治天皇制国家の法体系であれば、「教育勅語」はそのイデオロギー的な支柱だったのである。

この「教育勅語」も年輩の人たちには、小学校以来たたき込まれ、「朕惟《ちんおも》フニ」以下一語一語をすべて諳《そら》んじているような、いうなれば〝肉体化〟された文章である。

「教育勅語、懐かしいですね」(第四回放送記録)と、ふと感懐をもらす司馬さんの「教育勅語」の位置づけは、つぎのような文章となる。

「(明治憲法によって――田中注、以下同)立憲国家が成立した。そしてこれを境にして、それまでの自由民権運動が衰え始めました。(中略)伊藤博文《いとうひろぶみ》(一八四一～一九〇九)がいち早く先手を取った。先に政府が憲法を出したことで、自由民権運動の炎は衰えた、もしくは消えたわけであります。それはそれでいいんですが、こうして憲法によって国家が、立憲国家ができあがった。国家を建物にたとえてみましょうか。地面に、お尻をぺちゃっと据えたようには、家屋は建てられませんね。いろいろな基礎工事が必要です。同じように国家の圧搾空気のようなもの、国家成立のイデオロギーというと言い過ぎであります。精神というと言い足りない感じがあります。フランス革命を起こして共和国をつくったフランスにおいて、なにかそれなりの圧搾空気がありました。その圧搾空気のようなもの、それが必要なのです。日本の場合、その圧搾空気は、明治二十三年、

――当時の人びともおそらくうんざりしていただろう朱子学が、教育勅語として、もういっぺん戻ってきたのでありますよ。」(第四回放送記録)

家を建てるという比喩と圧搾空気の比喩とは、必ずしもうまく結びついているとは思えないが、ここにいう圧搾空気のようなものが「教育勅語」だというのである。巧みな、奥行きを感じさせる表現である。

「伊藤博文は明治憲法の起草者代表でした。圧搾空気のほうは元田永孚《もとだながざね》(一八一八〜九一)でいくかという、いわばバランスをとろうとする流れはたしかにあった。こういう事情のもとに教育勅語というものができたわけです。」(第四回放送記録)

ここに登場する元田永孚は熊本県出身の儒者で、明治天皇の側近にあって儒学を講じていた。この元田による儒教的徳目が「教育勅語」には導入されていたから、前引のように「朱子学が、もういっぺん戻ってきた」と司馬さんはいうのである。

しかし、この「教育勅語」には伊藤のブレインであった立憲主義者井上毅もいて、この井上が起草の中心となり、元田との協力で「教育勅語」は成った。家族国家観にたち、忠孝を核とした儒教的徳目を基礎におき、忠君愛国を究極の国民道徳とした「教育勅語」は、学校教育の基本とされ、「御真影」（天皇・皇后の写真）とともに児童・生徒の心象に強く浸透し、国民道徳の公規範として作用した。

こうした「教育勅語」を司馬さんは、巧みに圧搾空気と名づけたのだが、これが「軍人勅諭」とともに「昭和前期の国家の精神構造の中で重要な部分を占めて」（第四章）くるというのである。

これに対して、「人民の権義」を主張する「圧搾空気の種」にしようとする意図を福沢諭吉《ふくざわゆきち》（一八三四〜一九〇一）はもっていたのではないかと司馬さんはみている。「しかし福沢は、新しい国家の圧搾空気について、この議論を大きく展開したことはありません。ただこの数行があるだけです。（佐倉惣五郎《さくらそうごろう》のことを指す——田中注）それほど圧搾空気というのは、つくりにくいものなのです」（第四章）と述べている。

「軍人勅諭」や「教育勅語」の文章論ともからむが、司馬さんは第六章で軍隊用語をとりあげて、そのもつ意味を語っている。

軍隊用語はいまや一般的には死語化しつつあるが、司馬さんは「軍人は非常に空疎な漢語を使いたがり、極端な表現、決して血が通うことのない言語を使いたがった」。この「言語の魔術」を含めて、「国が滅んだ」のではないかという（第六章）。そして「歴史の中でいちばんたくさん言葉を使ったのは、日本陸軍だろうと思うのです」（第六回放送記録）と述べる。

「空疎なことをしゃべっていても、たれも聞いてくれません。しかし、権力の社会に入りますと、案外、空疎なことをしゃべっても聞いてくれるのです」(第六章)というところは、戦時中の軍隊のことを指しているのだが、そのことは、現在に引きつけて言えば、官庁用語を多用し、空疎な政治用語をふりまく、現在の官僚や政治家と無関係ではあるまい。

こうした複眼の見方を持たせてくれるのが、司馬さんの表現の魅力なのである。

7 統帥権と「天皇という場所は、哲学的に空《くう》になって」ということ

司馬さんは、この「雑談」ではさほど明治憲法にはふれていない。そこで、『「明治」という国家』から、これに接近してみよう。

司馬さんはいう。

「私は明治憲法を非難しようとも讃美しようとも思っていません。机上に客体としてそれを置いて見つめているだけです」(『明治』三〇〇頁)

だが、氏の評価はある。

まず、明治憲法を近代憲法と規定する。なぜなら近代憲法に不可欠の「三権(立法・行政・司法——原注)の分立が

あることです。これは、みごとというべきものでした」。「ただ国民にとってのゆたかすぎるほどの自由はそこにあるとはいえません」。しかし、〝法律の範囲内〟という制約のもとでだが、言論・著作・出版・集会・結社の自由はあったし、「これらの自由のなかで、明治の言論・文学・学問・芸術はうまれたのです」（同上）というのである。

第二は、明治憲法はプロシア憲法にくらべて大きな特徴がある、という。

この明治憲法もプロシア憲法も、共に君主が統治の大権をもっていることになっているが、「明治憲法ではあくまでも〝大権〟であって〝実行権〟ではない」（『明治』三〇〇〜三〇一頁）という。つまり、明治憲法は、「プロシアを参考にしながら、その真似をしなかったのです」（『明治』三〇一頁）と。「明治憲法における日本の天皇は、皇帝《カイゼル》ではなかった」（同上）というのである。

だから第三に、明治憲法の最大の特徴は、「輔弼《ほひつ》」にあるという。

行政・立法・司法の機関の長がそれぞれ責任をとり、「天皇の場所は、哲学的な空《くう》になっていまして、生身の人間として指図をしたり、法令をつくったり、人を罰したりすることは、いっさいないのです。責任は、総理大臣なら総理大臣どまりです。天皇は、行為をしないかわり、責任はない。ひたすらに、首相など各機関の長の案に承認をあたえるのみでした」（『明治』三〇一頁）と説明する。

だが問題は残る。それが第四の統帥権である。

軍隊を動かす大権としての統帥権は、三権から独立して天皇に直属している。「首相も手をふれることができず、衆議院議長もクチバシを入れることができません。三権分立国家が国家であるとすれば、国家の中で別の国家があるのと同然です」(『明治』三〇一頁)。「この統帥権の独立は、まったくプロシア憲法、ドイツ憲法どおりでした」(同、三〇二頁)という司馬さんは、帝政ドイツも統帥権の独立が国をほろぼしたと語る。だから、この点で明治憲法は、「あぶなさをもった憲法」だったというのだが、それでも明治時代は、つまり憲法をつくった人びとが生きていた時代は、「亀裂しそうなこの箇所を肉体と精神でふさいでいた」から危なげなかったが、三代目の昭和前期になって、「ついには憲法の〝不備〟によって国がほろびる」(『明治』三〇二〜三〇三頁)ことになった、と述べる。

この第四の問題が、「魔法の森」をつくり、「統帥の府は、亡国の伏魔殿のようになった」(『明治』三〇三頁)というのだ。

この憲法論は、司馬さんの「昭和」への道の大前提となっているが、それ自体は司馬さんなりの憲法解釈の特徴があるとしても、明治憲法の一般的な理解に通じるといってよいだろう。もし強いて司馬さんの特徴をあげるとすれば、明治時代は、明治国家をつくった人びとの「肉体と精神」で亀裂しそうなところがふさがれていたということと、「天皇の場所は、哲学的に空《くう》になって」いた、ということだろう(後述参照)。

8 アジアとは何でしょうか――脱亜論の読みかた

ここで、視点を変えて、司馬さんのアジアの見方にふれよう。

「もし自分が生き長らえることがあったら、外国人には親切にしなければいけないと思いました。満州の農民から受けた感激と恩によるものであります。ここで言う満州の農民というのが、要するに私のアジアでありますす」(第二章)と司馬さんは語っている。第一章の話のなかでも、「だんだん学校で社会訓練を受けるうちに、どういうわけだか中国人と朝鮮人が好きになりました」と述べている。

司馬さんのアジアへの見方は、右のような実感的なところが出発点にあり、その上で論じられる脱亜論なのである。

脱亜論をつぎのように説明される。

「私は福沢諭吉が好きなのですが、福沢の『脱亜入欧』は非常に評判が悪いですね。彼の脱亜は、アジアから抜けましょう、入欧とはヨーロッパに入っていこう、ヨーロッパのものを入れましょうということです。アジアというのは、要するに中国、朝鮮のことですね。今まで尊敬していた中国、朝鮮から抜けて、ヨーロッパの学問をやろうじゃないか、技術を取り入れましょうという考えです。戦前はこれについて議論する人は

誰もいませんが、特に戦後、福沢諭吉の悪口を言う場合に必ずこれが出ます。」（第二章）

こう述べ、さらに福沢論に及ぶ。

「福沢諭吉は、尊王攘夷というイデオロギーの大嫌いな人でした。そして、そういうイデオロギーの仲間が嫌いでした。独立した人間であり、ヨーロッパが好きでした。（中略）アジアは停頓《ていとん》している。中国、朝鮮は停頓している。ここから抜け出さなければいけない。ヨーロッパに行かなければいけない。」

「福沢諭吉は、この停頓とはつきあいたくなかったのですね。そしてアジアとは何かといえば、『要するに停滞である』という強烈なとらえ方をしたのです。」（第二章）

福沢は「脱亜論」を書き（明治十八年三月十六日『時事新報』）、「脱亜」という言葉は使ったが、「入欧」という語は使ってはいない。「脱亜入欧」という熟語はあとからつくられたものである。

それはともかく、司馬さんは「アジアとは何でしょうか」という問いに対して、「たれも定義できません」といい切り、「アジアと一緒になれ、アジアは大事だと言う人は、本当にアジアを知っているのかしらと思うときがあります」（第二章）という。

司馬さんのアジア・イメージは、「田中角栄さんがいちばんアジア的ですよ」と象徴的な言葉で表現されている。「清らかなアジア」とともに「汚いアジア」もある。だから氏は「アジアはずいぶん洗い流さなければならないものをたくさん持っています。そして洗い流した後に、みんながしっかり飯が食える、そして理屈が通る社会をつくることになるのではないか」というのである。

福沢は停滞し汚いアジアとはつき合いたくなかったわけだが、司馬さんはヨーロッパ的な顔をして自分が「アジア人であるということを忘れてしまう」人にはむしろ批判的である。「良きにつけあしきにつけ、苦いにつけ甘いにつけ、アジア人なんだということを思ってほしいし、自分ではそう思っております」と語る。

福沢を好きだという司馬さんは、福沢は「くっきりしたものの言い方をする人」だから、「脱亜入欧」という「えげつない言葉ができあがってしまった」という。司馬さんの脱亜論は、福沢の脱亜論を引き合いに出しながら、結局は、私はアジアが好きなのだという、はじめに述べた実感的アジア論に回帰しているといえそうである。

9　『坂の上の雲』は、小説でもなく、史伝でもなく——明治史観について

ここまでくると、司馬さんの日清・日露戦争への見方にふれなければなるまい。

それは作品『坂の上の雲』(文春文庫、全八冊による)に示されている。司馬さんの明治史観でもある。

司馬さんは日清戦争や日露戦争を侵略主義の戦争とみることには批判的なようである。

例えば、「(日清戦争を侵略主義的だという――田中注)痛烈な後世の批評をときの首相である伊藤博文がきけば仰天するであろう。伊藤にはそういう考え方はまったくなかった」(『坂の上の雲』二、五二頁)といい、「この戦争は清国や朝鮮を領有しようとしておこしたものではなく、多分に受け身であった」(同、四六頁)ともいう。そして、「善でも悪でもなく、人類の歴史のなかにおける日本という国家の成長の度あいの問題としてこのことを考えてゆかねばならない」(同、二七頁)というのである。

氏はいう。戦争の「原因は、朝鮮にある」と。「韓国や韓国人に罪があるのではなく、罪があるとすれば、朝鮮半島という地理的存在にある」(同、四五頁)という言葉がそれに続いている。その延長線上に日露戦争も位置づけられている。

「日露戦争というのは、世界史的な帝国主義時代の一現象であることにはまちがいない。が、その現象のなかで、日本側の立場は、追いつめられた者が、生きる力のぎりぎりのものをふりしぼろうとした防衛戦であったこともまぎれもない。」(同、三、一七二頁)

「明治初年の日本ほど小さな国はなかったであろう。産業といえば農業しかなく、人材といえば三百年の読書階級であった旧士族しかなかった。この小さな、世界の片田舎のような国が、はじめてヨーロッパ文明と血みどろの対決をしたのが日露戦争である。」（同、一、七五頁）

本書（『昭和』）の第七章でも司馬さんは日露戦争は「祖国防衛戦争」だと語っている。ただそのあとに続く、つぎのような言葉には留意したい。

「不幸なことに、勝ってからの日本そのものが帝国主義的な国に変わっていきました。戦争というものは負けても悲惨ですが、勝ってもその国を時に変質させることになるという最も悪いほうの例に日本はなってしまいました。」

この点に関し、司馬さんはこうもいう。

「日露戦争はロシアの側では弁解の余地もない侵略戦争であったが、日本の開戦前後の国民感情からすれば濃厚にあきらかに祖国防衛戦争であった。が、戦勝後、日本は当時の世界史的常態ともいうべき帝国主義の仲間に入り、日本はアジアの近隣の国々にとっておそるべき暴力装置になった。」（『歴史の中の日本』中公文庫、

一一〇五頁）

そのいきつく先が「魔法の森」なのである。

司馬さんは、明治維新から明治憲法の制定、そして日清・日露戦争の歴史過程を、外圧にさらされた日本のやむにやまれぬコース、もっといえば、日本近代化の過程で、地理的に朝鮮半島がすぐ側にあったから、朝鮮をめぐって戦争となったのだ、ととらえているようである。そういう意味で日清・日露戦争は日本の「防衛戦争」として位置づけしているのである。人類史、世界史のなかにおける日本という国家の成長の度合いの問題としている。

だが、果してそうなのか。次のような見方もある。

日清戦争の研究をしてきた中塚明氏の近著『歴史の偽造をただす』（高文研、一九九七年）によれば、参謀本部の公刊になる『明治廿七八年日清戦史』（第一巻は一九〇四年刊行）の記述と、新しく発見された『日清戦史』の草案の記述とは「似ても似つかない」ものという。後者が、日清戦争開戦前の朝鮮王宮占領の「詳細な記録」であるのに対し、公刊された前者の戦史は、「まったくウソの『作り話』に変わっていたこと」が明らかになったというのである（二〜三頁。序ながら司馬さんは参謀本部編纂になる『明治卅七八年日露戦史』の「ばかばかしさ」を指摘している〈『歴史の中の日本』一〇二頁。八五頁以下参照〉。中塚氏も「日露戦史編纂綱領」によってなぜ公刊戦史がそうなるかにふれている）。

すなわち、日清両海軍の最初の交戦たる豊島沖の海戦（七月二十五日、宣戦布告は八月一日）の前々日、七月二十三日に日本軍は朝鮮の王宮を軍事占領した。しかし、これは「偶発的なものではなく、日本公使館の提案にもとづいて日本軍が計画をたて、その作戦計画に従って実施されたきわめて計画的な事件であったことは明らかである」（六五～六六頁）と中塚氏はいう。この計画的王宮軍事占領によって、王妃である閔妃《ミンピ》の一族を政権から排除し、それと対立していた国王の実父である李是應《イハウン》＝大院君《テウォングン》を担ぎ出し、傀儡《かいらい》政権をつくって日本の武力発動の正当化を図って清国と戦ったのである。

朝鮮を計画的、軍事的に蹂躙《じゅうりん》し、そのうえに遂行された日清戦争は、隣国朝鮮にとっては軍靴で王宮が踏みにじられたという以外の何ものでもあるまい。

日露戦争とても同じである。朝鮮を軍事力で制圧し、朝鮮と中国の国土で日露戦争は展開された。朝鮮や中国からみれば、侵略戦争といわざるをえない。もちろん、そのことは日本に対してのみではなく、ロシアに対しても当てはまる。

評価の問題に関していえば、司馬さんは「日露戦争の社会科学的評価はなおむずかしく、さらにひるがえっていえば歴史の価値論というのは一面むなしくもある」（『歴史の中の日本』一〇五頁）と慎重である。

さきに引用した『坂の上の雲』という作品に対して司馬さんは、「小説でも史伝でもなく、単なる書きものであると私がしばしば、それもくどいほど断ってきたのは、自分自身が小説という概念から解放されたいためであった」(同上、一〇六頁)と述べているのだから、その作品からの文章の引用によって日清・日露戦争の評価を云々すると、氏の真意をそこねるおそれがあることも知らねばなるまい。事実、司馬さんは他方では、前述したように朝鮮や中国の人びとが好きだという立場からアジアを見ているのである。

もうひとつ指摘しておきたいのは、天皇の問題である。すでにふれたように、司馬さんは明治憲法の解釈では天皇には責任がないという立場をとっている。

しかし、「魔法の森」が統帥権と密接不可分であることは司馬さんも認めている。とすればこれに対する天皇の責任はどうなるのか。確かに憲法上では天皇は内閣の「輔弼」による。だが、統帥権には行政府は一指たりともふれることができなかった。参謀本部は憲法外の機関であり、軍部はこの憲法外の機関の機能を最大限に活用し、みずからの野望の実現に走った。この統帥権の頂点にあったのは天皇であった。「軍人勅諭」は、「下級のものは上官の命を承ること、実は直に朕が命を承る義なりと心得よ」と明言していた。天皇の絶対性を利用したのは軍部であって、それゆえ天皇には責任はないという議論はある。

では誰がこの軍部の暴走をおしとどめえたのか。統帥権の頂点にある天皇以外に存在しえなかったのだ。現に満州某重大事件や二・二六事件のときなどは天皇はみずからの意志を示し、「終戦」のときはみずからの意志を発動させている。

「魔法の森」を解く鍵を求め、それを参謀本部に見出した聡明な司馬さんがそれを認識しないはずはない。しかし、司馬さんは、「明治憲法下での天皇という場《ば》は、仏教でいう空《くう》という哲学概念が法制化されたものと理解したほうが、いいかと思います」(『風塵抄』中公文庫、三四〇頁)という。そして、そこに「空《くう》に徹した偉大さ」をみているのである(なお『この国のかたち』二、文春文庫、一五八頁参照)。

10 二十一世紀の日本のあり方——重い国家ではなく、軽い国家になるべきである、と。

中村政則氏は、『近現代史をどう見るか——司馬史観を問う——』(岩波ブックレット、一九九七年)で、「『明るい明治』『暗い昭和』の司馬史観にとって、大正時代は何ともおさまりのつかない宙ぶらりんの時期、昭和ファシズムの前史としてしか位置づけられない」(三七頁)と述べている。

その大正期について、本書(『昭和』)の第八章で司馬さんは、「大正デモクラシー」は「戦争はやらないかもしれない、そういう願望のある時代」(第八回放送記録)で、東京の市電に「軍人がサーベルをつって乗ってきたら、たれか乗客が蹴ったという話まであります。軍人、つまり軍服を着て歩くことが恥ずかしい時代が大正のある時期にあったわけです」と語っている。その大正期について、中村氏にいわせると、司馬さんは「大正史」を「欠落」させている(前掲書、三四頁)というのである。

これまでは、司馬さんの近代に対する見方を、氏の発言に沿って述べてきた。

さて、このへんで、私のとらえ方を述べてみよう。

それは歴史のなかの「大国主義」と「小国主義」とを対置しつつ、その流れの浮き沈みを、「未発の可能性」を視野に入れつつ、時代潮流のなかでとらえようとした縦割りの手法といえるかもしれない。

予め断っておくが、「大国主義」は「国際関係において、大国が自国の強大な力を背景にして小国を圧迫する態度」(『広辞苑』第四版)とあるが、私はこれに覇権という「武力や権謀をもって競争者を抑えて得た権力。覇者としての権力」(同上)の要素を加えておきたい。

一方、「小国主義」はまだ市民権をえていないのか各種辞典に項目としてはない。しかし、「大国主義」に対置される概念とすれば、おおよその内容は理解できるだろう。

さきに「未発の可能性」といったが、それについて若干説明しておこう。

歴史が事実として展開するとき、そのそれぞれの時点にはいくつかの選択肢がある。その選択肢のなかのひとつだけが現実の歴史として展開するわけだ。それぞれの時点における何らかの条件(状況)いかんでは、事実として展開しなかった別の選択肢が選ばれ、現実のプロセスになったかもしれないのである。

この実際には展開しなかったが、展開する可能性のあったものを、ここでは「未発の可能性」とよんでいる。

それは歴史の禁句としての「もし」の問題ではないかという人もあろうが、ここでいう「未発の可能性」は史料から読みとれる限りで、現実に展開する可能性のあった選択肢を指すのだから、フィクションとしての「もし」

とは明らかに異なる。いや、この「未発の可能性」の選択肢を視野に入れて歴史をみる方が、歴史の解釈はより豊かになるといってよいだろう。

明治初年の岩倉使節団は、日本近代国家創出のモデル選択肢を求めて、米欧十二か国を回覧したが、その回覧の実情を示した報告書は『特命全権大使米欧回覧実記』(全百巻、五編五冊、太政官記録掛刊行、明治十一年。岩波文庫版、五冊による)としてまとめられている。使節団は、米・英・仏などの大国とともにベルギー・オランダ・デンマーク・スイスなどの小国をつぶさに視察し、叙述している。『実記』構成巻数は、使節団の関心度にほぼ比例しているとみることができるが、小国に当てられた巻数は十巻強で、それはドイツ(プロシア)の十巻に匹敵する。因みに、米・英は各二十巻、フランスは九巻である。

『実記』の叙述を検討すると、使節団は大国や小国への視察のなかで、日本の歩むべき道の可能性を探っているとみてよいのである。イギリスは日本と地理的な条件などはよく似ていたが、その発展の実情を知れば知るほど日本との落差はあまりにも大きいことを痛感していた。共和国の米・仏は政体としては論外だった。

一行は、小国が十九世紀七十年代の弱肉強食の国際政治のなかで、なぜ独立や中立を保ちえているのかに関心をもち、その典型をスイスにみた。「此国ノ政治ヲ協定スルヤ、唯三章ノ目的アルノミ、自国ノ権利ヲ達シ、他国ノ権利ヲ妨ケス、他ノ妨ケヲ防ク是ナリ」(『実記』五、五五〜五六頁)というのである。そして、ウィーンでの万国博覧会の出品をみて、「国民自主ノ生理ニ於テハ、大モ畏ルニ足ラス、小モ侮ルベカラス」(同上、二三頁)

と断言する。そこには選択肢のひとつとしての小国に対する考察がある。

使節団帰国後、副使だった木戸孝允《きどたかよし》（一八三三〜七七）や大久保利通《おおくぼとしみち》（一八三〇〜七八）亡きあとの明治十四年の政変以後、特命全権大使だった岩倉具視《いわくらともみ》（一八二五〜八三）と副使伊藤博文《いとうひろぶみ》らによる明治政府の選んだ道は、小国から大国へのプロシアの道（ドイツ帝国）であった。しかし、この時点でも「小国への道」の可能性が考えられていたことは、中江兆民の「小国主義」の主張でもわかる。兆民は、使節団に同行してフランスでルソーを学び、十年代自由民権運動の理論的指導者の一人だったことは、さきに司馬さんもふれている通りである。兆民は、「富国強兵」を標榜する明治政府の大国への道を痛烈に批判し、「小国主義」を対置させたのである。

当時、自由民権運動の側から出された私擬憲法、例えば植木枝盛《うえきえもり》（一八五七〜九二）の「日本国々憲按」などは、明治憲法のような「あぶなさ」をもった国権主義的な憲法ではなく、「自由」と「民権」を基調とした内容をもっていた。明治憲法を「大国主義」的路線の憲法というならば、植木ら民権派の憲法案は、「小国主義」的路線の憲法といってよいだろう。

しかし、自由民権運動の弾圧によって後者はつぶされ、前者の路線が日本を規定し、やがて日清・日露戦争となった。

日清戦争の勝利と戦後経営によって明治天皇制はその基盤を広げた。天皇の権威は「教育勅語」の普及とともに国民に浸透したのである。そして軽工業から重工業へと日本の産業革命も進展した。それに続く日露戦争とともに、中国や朝鮮を踏みにじっての戦争だったことはすでにふれた。

このように明治国家の「大国主義」路線は、これらの戦争を通して「小国主義」路線をおさえこんだ。司馬さんの言葉を借りると、「兆民の出現は遅すぎ」(『明治』二七六頁)た、ということになる。遅すぎたがゆえに、「小国主義」路線は現実のコースとはなりえなかったのである。

だが、この路線はそこで消え去ったわけではなく伏流化した。伏流化したのだから、折あらばそれは噴出する。大正期のいわゆる大正デモクラシーの社会的潮流のなかで頭をもたげ、顕在化した。それが三浦銕太郎《みうらてつたろう》(一八七四〜一九七二)や石橋湛山《いしばしたんざん》(一八八四〜一九七三)の「小日本主義」である。

大正二年(一九一三)、三浦はいう。


「明治維新以来、今日までほとんど大日本主義をもって一貫せり。而して日清日露の両大戦を経てこの主義は我が国民の間にいよいよ旺盛を極め、政治上経済上においてはいうに及ばず、思想上、道徳上、宗教上、教育上においてもまた滔々《とうとう》相率いてこの大日本主義に溺没《できぼつ》し、これを謳歌し、これを賛揚して、あえてあるいは及ばざらんを恐るるの状あるか如し。」(三浦銕太郎論説集『大日本主義か小日本主義か』〈『東洋経済新報』大正二年四月十五日〜六月十五日〉)

このような「大日本主義」の跋扈《ばっこ》こそが、日本国民の生涯の発展を犠牲にしたのだ、と彼はみる。

「もし明治維新以来、我が民衆の福祉の増進が、何故《なにゆえ》に今日より更に大ならざりしか、我が国運の隆昌が、何故に現状より一層増進せざりしかと問はば、吾輩は実に大日本主義の跋扈《ばっこ》を挙げてこれに対《こた》えざるを得ざるなり。」

三浦は、「大日本主義」が領土拡張と保護政策によって「国利民福」を増進しようとするのに対して、「小日本主義」は内治の改善や個人の自由と活動力によって「国利民福」の増進を求めるという。前者は横に広がることを期すのに対し、後者は縦に伸びることを欲し、前者の「軍力と征服を先にして商工業を後《の》ちにする」のに反し、後者は「商工業の発展を先にして、誠に必要やむべからざる場合のほかは極力軍事力に訴うることを避く」というのである。「大日本主義」の「大軍備主義」に対して、「小日本主義」は「小軍備主義」をとり、「軍国主義、専制主義、国家主義」に対しては、「産業主義、自由主義、個人主義」を主張するとしているのである。

この三浦の「小日本主義」の延長線上に、同じ『東洋経済新報』社説で、大正十年（一九二一）、石橋湛山は、「朝鮮・台湾・満州を棄てる、支那から手を引く、樺太もシベリアもいらない」（「一切を棄つるの覚悟」大正十年七月二十三日）と有名な植民地放棄論の論陣を張るのである。この「台湾・支那・朝鮮・シベリア・樺太」こそが日本の「国防の垣」だという主張に対し、湛山は、「その垣こそ最も危険な燃え草」であり、だからこそその放棄が国家や国民のためだと主張してやまなかったのである（「大日本主義の幻想」『東洋経済新報』大正十年七月三十日、八月六日・十三日）。

だが、この「小日本主義」も再び軍国主義的な「大国主義」路線におしつぶされ、再度伏流化する。

「小国主義」路線があらためて地表に頭をもたげるのは、一九四五年の太平洋戦争敗戦直後であった。

敗戦後の新しい憲法の制定をめざして、民間からの憲法案がいくつか発表されたが、そのひとつに高野《たかの》岩三郎《いわさぶろう》（一八七一〜一九四九）らの憲法研究会の案「憲法草稿要綱」（一九四五年十二月二十六日。新聞発表は二十八日）があった。この憲法研究会のメンバーには、在野の憲法史研究者鈴木《すずき》安蔵《やすぞう》（一九〇四〜八三）がいた。彼は自由民権の植木枝盛らの民権派憲法案（「日本国々憲按」など）を戦時中も研究していたから、これらを下敷きとしながら成稿したものが、憲法研究会の草案「憲法草稿要綱」として提起されたのである。

これはただちにGHQの目にふれ、翻訳され、いわゆるマッカーサー（一八八〇〜一九六四）草案にとり込まれた。GHQが「最も注目したのが憲法研究会案であった」（古関彰一『新憲法の誕生』中公文庫、一〇九〜一一〇頁）といわれているのである。そして、日本政府の「大日本帝国憲法」の文言をほんのちょっと変えたような憲法案は排除され、主権在民と基本的人権の確立と戦争放棄をうたったマッカーサー草案に基づいて「日本国憲法」は制定されたのである。伏流化し、頭をもたげ、また伏流化し、明治国家形成期以降「未発の可能性」にすぎなかった

「小国主義」は、上述のような経過を経て遂に「日本国憲法」として現実のものとなった。その憲法第九条をめぐっては種々の論議があり、現実には空洞化されているところがあるにせよ、「日本国憲法」が明治初年、さらに明治十年代からの「未発の可能性」としての「小国主義」を内包した憲法であることは否定できない(だからこそ「大国主義」への改憲論議がくり返されているのである)。

いま一度、要約的にやや図式化していえば、明治維新以後の近代日本の歩んだ道は、「小国主義」と「大国主義」の選択肢のなかから、まず「大国主義」を選び、日清・日露戦争を経て、それを実現し、日本は世界列強の五大国の一となった。反面、自由民権運動の主張のひとつだった「小国主義」はおさえこまれ、伏流化をよぎなくされた。

大正デモクラシーの時期にこの伏流化した主張は「小日本主義」という形をとって表面に顔を出すが、これもまた「大国主義」=軍国主義におさえつけられ、十五年戦争へと突き進んだ。

敗戦によって成立した「日本国憲法」に、はじめて「小国主義」はもり込まれた。かつての自由民権派の主張が、憲法研究会→GHQ草案という回路を経て「日本国憲法」に流し込まれたのである。

このようにみてくると、司馬さんの日本近現代史の見方と、私のそれとは必ずしも同じではない。

それは明治維新から形成・確立された〝明治という国家〟のとらえ方のちがいであろうし、大正期のもつ位置づけ(ことわっておくが、司馬さんには、大正期を本格的に描いた作品はないのだが)のちがいでもあるだろう。

敗戦体験から、どうしてこんな「くだらない」ことをした国になったかの原因を、「魔法の森」とし、〝明治という国家〟に日本近現代史の光を見つけようとした司馬さんに対し、私は伏流化した「未発の可能性」の歴史の流れに着目し、その「未発の可能性」の現実化した「小国主義」の日本国憲法に、来るべき二十一世紀の日本のあり方をみようとした。そういえば、司馬さんは、国家像として、日本は重い国家ではなく、軽い国家になるべきであるということを、どこかで論じておられたことを憶い出す。

明治維新以来、百三十年の歴史の結実としての「日本国憲法」が、「大国主義」を主張する人びとによっていまや邪魔にされはじめている。

それに対する危機感は、「この国のかたち」を論じ、憂国の至情を随所に吐露している司馬さんとは、おそらく共有することができるはずである。いや、「私は戦後日本が好きである。ひょっとすると、これを守らねばならぬというなら死んでも(というとイデオロギーめくが——原注)いいと思っているほどに好きである」(『歴史の中の日本』一二三頁)と断言する司馬さんのほうが、危機感はより切実だったにちがいない。

最後にもう一度確認しておこう。司馬さんの敗戦体験から発する氏の歴史観の原点を故意に無視し、司馬作品のなかの片言隻句をみずからの主張のなかに拡大し、国民的作家・司馬遼太郎の人気にあやかって自説の正当化を図ろうとする人びとと、司馬さんとはまったく無関係である。

本書(『昭和』)の司馬さんの「雑談」の復元からもわかるように、ためらいつつ、苦渋にみちみちた発言の奥底にある、司馬さんの歴史批判、国家批判の目は、彼らにはまったくないからである。

本書(『昭和』)が、司馬さんの言葉や発言のときの雰囲気を伝えようと苦慮していることに思いをいたし、この「雑談」の背後にある司馬さんの真意を読者が読みとって下さることを念願しつつ、筆を擱《お》く。

この本の感想を述べるには、はなはだ不適任であることを自覚しつつ、司馬さんの読者の一人として、本書(『昭和』)に接する機会をいただいたので、私なりの思いを込めた、一文を記すこととなった。お許しいただきたい。

本書(『昭和』)を、とりわけ、つぎの時代を担う若い人びとに、ぜひ読んでいただきたいと思う。

(一九九八年三月一日記)

顧みて、いま――原点としての八・一五

玉音が自己を支えた価値を崩壊――原点としての八・一五

一九四五年八月十五日を、私は浅間山ろくの陸軍演習場で迎えた。高原の強い日ざしのもとで聞いた玉音放送は、ときに遠く、ときにかすれていた。

「徹底抗戦だ」「いや、敗れたのだ」

二十歳そこそこの陸軍士官学校の士官候補生たちの意見は、まっ二つに分かれた。

彼らは陸軍幼年学校や旧制中学から厳しい試験を経て、軍人(将校)をめざした若者たちだった。江田島の海軍兵学校とともに陸士は、軍人へのエリートコースだった。が、それらは、若者たちを戦争へかりたてる巧妙な国家軍事システムの一環だったのである。

彼らが軍人をめざすことは、戦時中、価値観の究極としての天皇にたいする、誇り高い忠誠へのあかしを意味した。そして、それは日本人としての生の顕現であると信じ込まされていたのである。

だから、絶対としての天皇が、初めて肉声で語りかけたとき、その玉音によってみずからの生のすべてをかけていたものが崩れさるとは信じられなかったのである。聞きとれない放送をめぐる対立は、そのまま自己を支えた価値体系の存続か崩壊かにつながっていたのである。

同期生の一人は、そのとき日記にこうつづる。

「何タル事ゾ、青天ノ霹靂《へきれき》ナリ。光輝アル三千年ノ歴史ハ本日ヲ以テ丸潰《つぶ》レナリ。国破レテ何ノ国体擁護ゾ、重臣達ノ行動痛噴ノ至ナリ」

翌日の出動命令で実包（実弾）を手渡され、死を覚悟して下着を着替えたりしたものの、「そのまま待機」という数日間が経過したとき、緊張感は遠のき、敗戦はしだいに現実のものとなった。

復員して瀬戸内の田舎に帰った私は、毎日、無言で海につきでた近くの山を眺めていた。上級学校への転入などは念頭になかった。やがて、昼夜を分かたず、肉体労働で体を酷使する日々が続いた。「職業軍人」という言葉を初めて聞いたのはそのころだったように思う。この言葉は衝撃的だった。

天皇への忠こそが最高の道徳規範だとして教育され、それを実践しようとして選んだ軍人への道が、単なる一職業の選択にすぎなかったことを思いしらされたからである。

一九四七年四月、新制中学の発足とともに、私は郷里の中学教師に採用された。校長は復員大臣発行の成績証明書を上の方から眺め、歴史の欄に目をとめた。そこには「俊」とあった。俊は秀や優より上位、「区隊(クラス相当)内一~二名」と注記されていた。

「担当は社会科ですね」

校長はこう告げた。もし成績欄を下の方から校長が目を走らせていたら、物理が「俊」となっていたのだ。中学時代、歴史は大嫌いだったが、物理は比較的好きな学科だった。

敗戦は日本の転換点だったが、同時に私の人生の転機ともなった。

社会科のこの新米教師は、文部省著作兼発行の『あたらしい憲法のはなし』(一九四七年四月)を教えた。

そこには「戦争は人間をほろぼすことです」とあった。「こんどの憲法では、日本の国が、けっして二度と戦争をしないように、二つのことをきめました。その一つは、兵隊も軍艦も、飛行機も、およそ戦争をするためのものは、いっさいもたないということです。これからさき日本には、陸軍も海軍も空軍もないのです。これを戦力の放棄といいます。(中略)もう一つは、よその国と争いごとがおこったとき、けっして戦争によって、相手をまかして、じぶんのいいぶんをとおそうとしないということをきめたのです」と書かれていた。

この日本国憲法第九条の意味の重大性に気づいたのは、その後歴史学を専攻するようになってからである。

戦争放棄の理念は、長い苦しい戦争をくぐりぬけた当時の状況下にあっては、もっとも説得力のある日本民衆の現実的願望だった。

八・一五は、日本にとっても私にとっても原点だったのである。

東京裁判での免責　今も尾引く――天皇制と戦争責任

私が歴史学を専門に選んだのは、先に述べた中学の社会科教師になったことが直接の契機ではあったが、その根底には敗戦があった。

人生のすべてをかけた天皇への忠誠のあかしとしての軍人への道が、単なる職業の一選択にすぎなかったという、ショッキングな事実をつきつけられたのである。

そこから天皇制とは何かという問題意識がでてくる。そして、その起点としての明治維新の解明へと私の歴史意識はしだいに向いていった。郷里が山口県(長州藩)であったことがそれと重なった。

ところで、私は明治維新を「非連続の連続」としてとらえる。「徳川国家」から近代天皇制への移行は、明らかに権力の断絶だが、多くの旧幕臣が実務官僚として明治政府を支えているところは、連続面である。フランス革命は国王をギロチンにかけたが、最後の将軍徳川慶喜《とくがわよしのぶ》(一八三七〜一九一三)は駿府(静岡)に退いたものの、還暦を迎えるや明治国家最高の栄誉をうけて復権している。

戦後改革にも似たところがある。天皇主権から主権在民への転換は、明らかに国家原理としては断絶である。にもかかわらず、天皇は大元帥の軍服を背広に着替え、戦争と平和という相いれない原理を、同一人物・同一人格のなかで貫き、「昭和」というひとつの時代をつくり出したのである。福沢諭吉《ふくざわゆきち》のいわゆる「一身二生」をみごとに体現したのが、昭和天皇だったといってよい。

そのことは戦争責任の問題とからまざるをえない。

一九三一年(昭和六)以後の十五年戦争が、天皇の名において戦われたことはまぎれもない事実である。上官の命令はただちに天皇の命令なのだ、という「軍人勅諭」をひくまでもなく、軍事行動のすべては天皇に帰結する。それが天皇制下の統帥権《とうすいけん》のしくみだった。

ミッドウェー海戦で太平洋の海底深く消えた海軍軍人も、ガダルカナルでつぎつぎに飢え死にした陸軍の兵士も、中国大陸の戦線で土と化した無数の人びとも、すべて統帥権による作戦行動の結果だった。だから兵士たちは息をひきとるまぎわに、「お母さん」とつぶやく半面、「天皇陛下万歳」と叫んだのである。

だが、一九四六年五月に始まる極東国際軍事裁判(東京裁判)では、天皇は免責された。それは占領政策を遂行するためのアメリカの高度な政治判断であったことが指摘されている。九一年三月に公刊された「昭和天皇独白録」が、裁判開始直前の三月から四月にかけて作成されているのは、そのことと無関係ではない。

戦争責任における天皇の免責は、戦後においてすべての戦争責任をあいまいなものとした。来年度(平成七)から使われる近現代史中心の高校教科書(東京書籍)の一文を引用しよう。

「天皇の責任をこの(東京)裁判で問うかどうかは、国際的に論議されたが、天皇制維持による占領政策の遂行をすすめようとしていたアメリカの意向もあって、けっきょく不問にふされた。
こうした戦争責任の問いかたが、その後の日本の戦争責任をあいまいなものとし、現在にも尾をひいているといってよい」

だが、文部省の検定によって、この後半の部分は以下のように修正させられた。

「このような経過をたどった裁判の結果、その後の日本の戦争責任があいまいなものとなり、現在にも尾をひいているといってよい」

天皇の戦争責任の問い方と、戦後の戦争責任のあいまいさとの関連を指摘する文脈は、東京裁判の結果と戦争責任のあいまいさとの関係に矮小化《わいしょう》され、かつ戦争責任をあいまいな「ものとし」という主体的表現は、「ものとなり」と変えられ、時代の潮流のなかにうずめ込まされてしまったのである。

検定によるこの修正にみられるような発想と論理は、戦後賠償の問題にもつらなる。

正当性全くない〝アジア解放〟――「南京事件」と「大東亜戦争」

羽田内閣のとき、永野茂門法務大臣が「南京事件」はでっち上げだと発言し、引責辞任したことは記憶に新しい。

「南京事件」とは、日中戦争開始の一九三七年、日本軍の南京占領に際して、捕虜の虐殺や住民にたいする略奪・暴行・強姦・殺害などの残虐行為をいう。

当時世界では、「南京アトロシティー(残虐行為)」と喧伝されたが、日本国民はまったく知らされていなかった。

日本国民がこれを知ったのは、東京裁判での証言や戦後の内外の著作によってである。そこでの犠牲者総数二十万〜三十万という数字は、必ずしも十分な根拠は示されていなかったが、衝撃的であった。

この「南京事件」をめぐって、いっぽうではこれを「まぼろし」とする論がおこり、半面、現地調査による研究もすすめられた。また、教科書のこれをめぐる表記も問題とされた。

この「南京事件」否定にもっとも熱心だったのは、旧陸軍将校などの親睦団体、偕行社だった。同社は八九年に『南京戦史』『南京戦史資料集』(二冊、合計一二二五頁)を出し、さらに『南京戦史資料集Ⅱ』(六六五頁、九三年)を公刊したのである。

これは「南京事件イクオール二十万、三十万の大虐殺」説を否定し、教科書の記述の誤りをただすことを意識して編集された。

ところが、その「あとがき」には、「無実を証明すべく南京戦史に取り組まれたのであるが、結果的には真実追求のためありのままの記事を書かねばならなくなってしまった」とある。

なぜなら、同書は当初の編集意図に反し、結局、銃殺を含む「処断」一万六千という数字をあげざるをえなかったからである。

この数字が過少に見積もったものであることは、『南京戦史』の批判的研究書、例えば洞富雄ほか編『南京大虐殺の研究』(晩聲社、一九九二年)などが明らかにしている。

さらにいえば、こうした虐殺は、アジア・太平洋戦争(「大東亜戦争」)において、マレー半島でも、またインドネシアなどでもくりかえされていたのである。

とすれば、問題は虐殺の数の大小ではない。本質はそうした事実を虚構とし、事実から目をそむけようとすること自体にある。

永野発言がそれを象徴的に示した。

陸士出身で、自衛隊の幹部でもあった氏の意図は、むしろ「大東亜戦争」が「正義」の戦争だったことを主張し、戦争そのものとそれを支えたみずからの軍人としてのレーゾンデートル（存在理由）の正当化にあったのかもしれない。


「大東亜戦争」は「大東亜共栄圏」確立のためであったという、当時の日本政府の掲げた戦争目的の理念から説明しようとする発言にそれは示されている。

しかし、戦争当事国は、いつどんな場合でも、みずからの戦争の正当性を主張する。その主張される戦争の理念からは、戦争の客観的性格は説明できない。

戦後の東南アジア各国は、ヨーロッパの植民地から次々に独立した。この事実と、「大東亜戦争」における「大東亜共栄圏」確立という戦争理念とを短絡的に直結した「大東亜戦争解放」論は、今も根強くある。村山内閣での閣僚による永野発言と同じようなくり返しは、それを物語っている。

だが、シンボリックな一例をあげよう。

戦時中、スカルノらによってひたすら独立をすすめようとしていたインドネシアが、独立宣言をなしえたのは、一九四五年八月十七日である。日本の敗戦二日後であった。このことの意味は重く、かつ大きい。「ロームシャ(労務者)」「ヘイホ(兵補)」などが、インドネシア語化している事実も忘れてはならない。これらを強制した日本帝国主義の八・一五敗北によって、初めてこの国は独立を宣言しえたのである。「大東亜戦争」は、アジア解放の戦争では決してなかったのである。

過去の事実見つめず、責任放棄――歴史認識と戦後賠償

先にみた「南京事件」はでっち上げだ、という発想は、発言者の意図いかんにかかわらず、戦争という国家の行為を直視しないことになる。

個人であれ、国家であれ、みずからの過去をさらけだして直視することは、必ずしもこころよいものではない。

しかし、それがどんなにつらくいやなことであっても、過去の事実は事実としてみつめなければならない。八・一五以後の日本は、そして日本国民は、この半世紀の間それを実行してきたのであろうか。

ここで私は、一九八五年五月八日、ドイツ敗戦四十周年にあたって、連邦議会でおこなわれたドイツ連邦共和国(旧西ドイツ)リヒャルト・フォン・ワイツゼッカー大統領の有名な演説の一節を思いおこさずにはいられない。

「問題は過去を克服することではありません。さようなことができるわけはありません。後になって過去を変えたり、起こらなかったとするわけにはまいりません。しかし過去に目を閉ざす者は結局のところ現在にも盲目となります」（永井清彦訳）

このワイツゼッカー演説には、キリスト教的な背景があり、良心的な政治家としての哲学的な思考がある。しかし、ここに指摘されていることは、決して特別なことではない。それは歴史に対してあくまで謙虚な、そして歴史から学ぼうとする人間としての素直な姿勢である。

このことはドイツにおけるナチス迫害犠牲者に対する補償につらなる。

それは第一に、連邦補償法など国内立法措置によるナチス迫害犠牲者への補償であり、第二は、当該国との国際協定によるイスラエルその他外国に住む外国人に対する補償である。第三は、民間企業による強制連行労働者に対する補償である。

これらの補償額は、九三年一月現在で総計九百四億九千三百万マルク（一マルク六十五円として五兆八千八百二十億円余）、二〇三〇年までの予定額として、一千二百二十二億六千五百万マルク（同七兆九千四百七十二億円余）とされている。

これに対し、日本がこれまで対外的にした賠償等の支払いと供与額は、合計六千五百六十五億九千二百九十五万円とされている(以上は、『世界』一九九四年二月号特集による)。

すでに補償した金額などの比較は、支払い時期の相違があるからそのままの数字では無理もあるが、日本はドイツの約九分の一である。これを「ドイツにはドイツの事情があり、日本には日本の立場がある」といい切るわけにはいくまい。問題はことの本質にかかわる。


かつて日本には、敗戦直後、「一億総ざんげ」論があった。しかし、それは支配者の戦争責任を全国民に拡散し、責任の所在を雲散霧消させることにほかならなかった。

このことは過去に目を閉じることであって、過去を直視する歴史認識とはほど遠かった。

だから、先にみたように、戦争責任はすべてあいまいにされた。極東国際軍事裁判という「外」からの力による裁き以外には、支配者たちはみずから責任をとろうとしなかった。また、国民もとらせようとはしなかった。国家間による国家賠償はなされたものの、それだけでとらえきれない諸問題が、今、次々に噴出しはじめているのもそのためである。

それは、戦争に対する国家の責任ある姿勢や国民の歴史認識に直接かかわっている。未解決のままに放置してはおけない不可避かつ喫緊の課題がそこにはある。

ワイツゼッカー大統領は、過去に目を閉ざす者は「現在にも盲目」といった。現在すら見えない国家や国民が、どうして未来志向可能だろうか。

過去に目を閉じて未来志向を口にする政治家が昨今なんと多いことか。それは核兵器の使用は、必ずしも国際法違反とはいえないという官僚の発想にも通ずる。

一人ひとりの厳しい歴史認識が、いま問われているのである。

明治国家の破産、いま教訓に——「大国主義」か「小国主義」か

これまで、原点としての「八・一五」を視座として述べてきたが、最後に歴史としての「八・一五」の意義にふれておきたい。

「八・一五」は、「大日本帝国」の崩壊・消滅だった。明治維新によって成立し、確立し、展開した明治国家の破産といいかえてもよい。

維新以後の日本は、「脱亜入欧」「富国強兵」をスローガンとして、近代化への道をひた走りに走り続けてきた。大国化をめざし、戦争につぐ戦争をくり返し、そのいきついたところが「八・一五」だったのである。

ふり返ってみると、歴史にはつねに未発の選択肢があり、多様な可能性が秘められている。維新以後の明治

国家の歩みもその例外ではない。つまり、明治国家は「大国主義」の道をひたすら追い続け、それが現実の歴史として展開したが、その背後には未発の選択肢としての「小国主義」があった。

明治国家創出のモデルを欧米に求めた岩倉使節団は、明治初年、英・仏・露などの大国と同時に、スイスやベルギーなどの小国も丹念に視察し、小国の自主・独立の気概に注目していた。

この使節団と同行してフランスに学んだ中江兆民《なかえちょうみん》は、帰国後、自由民権運動の理論的指導者となった。民権運動を展開するなかで彼は、「富国強兵」の矛盾を指摘し、富国をめざせば強兵は難く、強兵たろうとすれば富国は無理だ、といった。そして、小国が小国として独立を保つためには、「信義」を守って動ずることなく、「道義」を通すためには「大国といへども畏《おそ》れず、小国といへども侮《あなど》らず」、断固たる態度をとるべきだ、と主張した。自由・平等・人権などの諸理念を積極的にとりいれようとした兆民は、アジアのなかで小国に徹することを主張したのである。

リベラリスト石橋湛山《いしばしたんざん》(元首相)は、一九二一年、日本は朝鮮・台湾・満州を棄《す》て、中国からも手を引き、樺太やシベリアもいらないという覚悟をもて、と説いた。この「一切を棄つるの覚悟」という彼の論考は、たんなる理念としての主張ではない。

湛山は「大日本主義の幻想」という『東洋経済新報』誌の社説で、これを具体的に説明し、経済的にも軍事的にも植民地のうえに立つ「大日本主義」は失敗である、と強調したのである。

兆民や湛山らの主張は、いずれも「大国主義」を批判する「小国主義」の立場といってよい。

だが、現実には「小国主義」は、いつも「大国主義」の力におしつぶされた。その「大国主義」が「八・一五」で破産した。

戦後、日本国憲法で転生した日本は、戦争放棄をうたい、軍事を抑え、経済へエネルギーを集中した。それは「小国主義」のひとつの形態であった。

日本国憲法には、明治十年代の自由民権運動の理念が、時代の伏流を経て噴出したところがある。GHQ（連合国最高司令官総司令部）の日本国憲法の草案には、かつての民権運動家の憲法案を下敷きにした民間の憲法案が参照されていたからである。

とすれば、この日本国憲法下、戦後日本のこれまでの歩みが、「小国主義」の路線だったとしても、理由なしとはしない。

いいかえれば、明治以後、「大国主義」におしつぶされて、現実とはならなかった歴史の伏流としての「小国主義」が、戦後の日本国憲法下で初めて現実として噴出・展開し、この半世紀を実現したのである。

ここには「八・一五」の歴史的教訓が生かされている。

ところが、いまPKO（国連平和維持活動）協力法などを手がかりとして、国際貢献の名のもと、「普通の国」という平凡さを強調するかけ声によって、軍事大国化への道をつき進もうとする政治路線が敷かれはじめようとしている。それは「大国主義」への揺り戻しにほかならない。

「大国主義」か「小国主義」か。

二十一世紀を前にして、そのいずれの道を選ぶかは、国民一人ひとりである。それは歴史としての「八・一五」をどうとらえ、どう生かすかにかかわっている。

まとめにかえて

小国主義の歴史的伏流

日本の未来へ——踏まれる痛覚をもって、「小国への道」を

いま日本は内政・外交とも閉塞《へいそく》状況にある。ちまたの声は不況のため息と重なり、イラク問題をめぐっては、「開戦前夜」という活字が紙誌面に躍りはじめている。いや、イージス艦の派遣で、すでに戦争へ突入したという意見すらみられる。

アメリカのブッシュ政権は、石油資本の要求と国内巨大産業の不正・破綻《はたん》、さらに大統領の世界観なども加わり、内外の矛盾を戦争という手段によって乗り切ろうとしている。

それはかつての日本が、「自存」と「アジア解放」という大義名分をかかげ、戦争に突入したのと共通するところがある。歴史的条件は異なるが、「9・11」(二〇〇一年九月十一日に起こった同時多発テロ)のテロに対して、「正義の戦争」の名のもとに反撃を加えようとしているからである。

そのかつての日本がいきついたのは、一九四五年(昭和二十)八月十五日の敗戦、つまり大日本帝国の破産だった。日本は明治以降の勝者の立場から、初めて敗者の座に立たされた。それは「踏んだ側」から「踏まれる側」への転換だった。「踏まれる」痛覚をもって現実をみつめ直し、未来を展望し、過去を反省する座標軸に立つことができたはずなのだ。

しかし、日本はそうはしなかった。支配者たちはひたすら回帰をめざしたのである。敗戦という歴史の最大

の教訓を学びえなかったというに尽きる。

明治初期の選択肢

いまあらためて日本の近代史をふり返れば、明治このかた、もうひとつの選択肢があったことに気付く。日本の近代国家への道を探ろうとした明治初年の岩倉使節団は、約一年十か月、米欧十二か国を回覧した。報告書『特命全権大使米欧回覧実記』（五編・五冊全百巻、明治十一年刊。岩波文庫五冊）には、そのときの選択肢のなかに、小国モデルが相当な比重をもって書かれている。明治以来の現実の大国への道が唯一ではなかったのだ。

この「小国への道」は、明治十年代の自由民権運動に生かされ、植木枝盛《うえきえもり》（一八五七〜九二）が小国をめざす憲法草案をつくった。中江兆民《なかえちょうみん》（一八四七〜一九〇一）は、「道義のある所は大国といへどもこれを畏《おそ》れず、小国といへどもこれを侮《あなど》らず」、断固たる態度を堅持せよ、と「小国主義」を主張した。

憲法草案に条文化

クリスチャン内村鑑三《うちむらかんぞう》（一八六一〜一九三〇）は小国モデルをデンマークなどに求め、与謝野晶子《よさのあきこ》（一八七八〜一九四二）や堺利彦《さかいとしひこ》（枯川。一八七〇〜一九三三）らの非戦・反戦の運動にも「小国主義」はみられた。「平民新聞」（明治三十七年）は、「小日本なる哉《かな》」と題した論稿で、軍隊の存在を否定し、真の自治制をあげ、小国であることを通して、万民が希望をもつことを記していたのである。

大正デモクラシー期には、三浦銕太郎《みうらてつたろう》(一八七四〜一九七二)や石橋湛山《いしばしたんざん》(一八八四〜一九七三)が「小日本主義」の旗を高くかかげた。植民地をすべて放棄し、軍事費の削減を求め、市民としての権利を強調した。政府の「軍国主義・専制主義・国家主義」に対しては、「産業主義・自由主義・個人主義」を対置したのである。

だが、こうしたアンチ大国主義は、弾圧にあい、地下への伏流とならざるをえなかった。八・一五の日本の敗戦によって、それは地表へ噴出した。敗戦の年の十二月、高野岩三郎《たかのいわさぶろう》(一八七一〜一九四九)ら民間の憲法研究会は、新しい憲法草案(憲法草案要綱)を発表した。ここには民権運動の憲法草案、つまり「小国主義」が盛り込まれ、歴史的伏流が憲法草案として条文化されていたのである。ときに憲法改正を模索しつつあった日本政府は、この草案にはまったく目もくれなかった。ところがGHQ(連合国最高司令官総司令部)がこれに注目したのである。

大国化へ急カーブ

昨年(二〇〇二年)十月(十三日)、GHQの憲法草案(とくに人権条項)の条文づくりにたずさわった、ベアテ・シロタ・ゴードンさんが札幌を訪れ、そのときの体験を私たちに語ってくれた。歴史的伏流は日本政府には無視され、逆にGHQがそれを生かし、日本国憲法のなかにとり込んだのだ。占領軍の強権はあったものの、結果としては歴史的伏流としての「小国主義」が、日本国憲法の体制として結実したのである。

その最大の成果は、人権の尊重とともに、戦争放棄・平和主義の理念によって、戦後半世紀以上、日本の平和が保持されたことだ。

ところが、いま日本政府は、大国主義へ急カーブを切ろうとしている。それは多大の戦争犠牲のうえにもたらされた戦後最大の果実を失うことになる。いまや敗戦の原点に立ち、「小国主義」に徹しよう。日本の歴史的伏流の理念を、政治の哲学として内外に鮮明にし、そこを座標軸に日本の政策を主張すべきである。それこそがこの閉塞状況のなかにあって、日本国民に勇気と希望をもたせることになるのだ。

初出一覧

第一部　明治維新と世界――日本の進路を問い直す

明治維新の帰結

『朝日新聞』（夕刊）二〇〇四年二月十三日、二十日、二十七日、三月五日、三月十二日、五回連載。原題「私の明治維新」①〜⑤

久米邦武と『米欧回覧実記』

――「久米邦武と『米欧回覧実記』――日本を世界にひらく岩倉使節団」展（図録）（久米美術館、一九八五年）

日本近代史を見直す

『労仂文化』No. 184　二〇〇四年一月一日号。（北海道労働文化協会発行）

二十一世紀への転換点に――「小国主義」をめぐって

『第二十八回研究助成金贈呈式の記録　―現代を如何に生きるか　第七集（その二）―』より

原題　記念講演『二十一世紀への転換点に日本の進路を問い直す―「小国主義」をめぐって―』、二〇〇〇年一月七日。

第二部　維新と長州と近代日本と

末松謙澄の明治維新――『防長回天史』故アリ

文化講演会、一九九四（平成六）年十一月十八日、午後五時三十分から午後七時まで、演題「明治維新と『防長回天史』」で開催、防府史談会会誌『佐波の里』第二十四号、防府図書館、一九九六（平成八）年三月三十一日発行。

天は蒼《あお》くして――吉田松陰の視線《まなざし》

『労仂文化』No. 178　二〇〇三年一月一日号。（北海道労働文化協会発行。原題「新しい松陰像」）

「脱亜入欧」と近代日本

底本『「脱亜」の明治維新』（NHKブックス、一九八四年）八、二〇九頁〜二二六頁。

第三部　同時代史に想う

「迷羊《ストレイシープ》」の戦中・戦後——私のなかの「何か」

底本『アジア太平洋戦争 私の遺書』（日本放送出版協会、一九九五年）五九三頁〜六一七頁。

「司馬遼太郎　雑談『昭和』への道」のことなど

底本『「昭和」という国家』（日本放送出版協会、一九九八年）二一三頁〜二四〇頁。（底本〈愛蔵版〉）

顧みて、いま——原点としての八・一五

『北海道新聞』（夕刊）一九九四年八月二十二日〜二十六日、五回連載。原題「顧みて、いま」①〜⑤

まとめにかえて——小国主義の歴史的伏流

『北海道新聞』（夕刊）二〇〇三年一月七日。原題「小国主義の歴史的伏流」

本書では各論稿の若干の補筆と語句は補訂（一部を、口語体から文語体に変更し、表題〈見出し〉を付す）したが、論旨は変えていない。なお、用字用語は、各々の媒体に発表されたものを前提として編んでいる。

編集　道川龍太郎・山本則子

おわりに

初掲出誌紙は、別掲の一覧表の通りである。それぞれの論稿は、折々の状況の中で執筆されたもので、その掲出誌紙並びに若干のコメントも付してあるから、それ以上のことは必要あるまい。

ただ第三部は、私自身についての叙述で、なんとも面映い。

いまこれらの論稿をあらためて読み返してみると、私の日本近代史研究の道程は、遠くけわしく、決して順調なものではなかったように思う。

ただその一つひとつは、そのときどきの状況の中で、必死にもがきながら書いたものだ。

それにしても、この道程を歩みつつ、多くの先生方、諸先輩、同僚、そして後輩の方々に、さまざまな迷惑をかけつつも、厳しい叱正と温かい励ましをいただいて、今日まで歩むことができた。

ここに、本書を通してあらためて心からの謝意を表したい。

この恵まれた環境にあったからこそ、なんとかいままで筆を進めることができたのである。

あとどれだけ執筆生活が続けられるかはわからないが、これらの恩に報いるためにも、さらに努力を重ねていきたい。

二〇〇五年五月十日

田中　彰

田中 彰

……たなか あきら……

1928年、山口県生まれ。
東京教育大学文学部大学院日本史学専攻博士課程修了。
北海道大学文学部助教授、同教授、札幌学院大学教授を経て、
現在、北海道大学文学部名誉教授。日本近代史を専攻。
著書『明治維新政治史研究』(青木書店)、『未完の明治維新』(三省堂選書)
『特命全権大使 米欧回覧実記』(校注、岩波文庫)、『明治維新の敗者と勝者』(NHKブックス)
『明治維新観の研究』(北海道大学図書刊行会)、『明治維新と天皇制』(吉川弘文館)
『岩倉使節団『米欧回覧実記』』(岩波現代文庫)、『幕末維新史の研究』(吉川弘文館)
『小国主義』(岩波新書)、『北海道と明治維新』(北海道大学図書刊行会)
『吉田松陰』(中公新書)、『岩倉使節団の歴史的研究』(岩波書店)など

近代日本の歩んだ道

「大国主義」から「小国主義」へ

発行
2005年6月30日　初版第1刷発行
2005年7月30日　初版第2刷発行

著者
田中 彰

発行者
道川文夫

発行所
人文書館
〒151-0064
東京都渋谷区上原1丁目47番5号
電話 03-5453-2001
電送 03-5453-2004
http://www.zinbun-shokan.co.jp

ブックデザイン
鈴木一誌+仁川範子

印刷・製本
信毎書籍印刷株式会社

ISBN 4-903174-00-X
Printed in Japan